과학자의
눈으로 본
창세기

과학자의
눈으로 본 창세기

지은이 | 김준
초판 발행 | 2016. 5. 15
4쇄 | 2022. 2. 17
등록번호 | 제1988-000080호
등록된 곳 | 서울특별시 용산구 서빙고로65길 38
발행처 | 사단법인 두란노서원
영업부 | 2078-3352   FAX 080-749-3705
출판부 | 2078-3331

책 값은 뒤표지에 있습니다.
ISBN 978-89-531-2558-2 03230

독자의 의견을 기다립니다.
tpress@duranno.com   www.duranno.com

두란노서원은 바울 사도가 3차 전도여행 때 에베소에서 성령 받은 제자들을 따로 세워 하나님의 말씀으로 양육하던 장
소입니다. 사도행전 19장 8-20절의 정신에 따라 첫째 목회자를 돕는 사역과 평신도를 훈련시키는 사역, 둘째 세계선교
(TIM)와 문서선교 (단행본·잡지) 사역, 셋째 예수문화 및 경배와 찬양 사역, 그리고 가정·상담 사역 등을 감당하고 있습니다.
1980년 12월 22일에 창립된 두란노서원은 주님 오실 때까지 이 사역들을 계속할 것입니다.

과학자의
눈으로 본
창세기

Genesis from a scientist's
view

김
준 지
음

두란노

contents

추천의 글 6

프롤로그   생명과학자가 본 창세기 14

Part 1

천지창조

chapter 1   창조 제1일 23

chapter 2   창조 제2일 42

chapter 3   창조 제3일 56

chapter 4   창조 제4일 76

chapter 5   창조 제5일 92

chapter 6   창조 제6일 104

Part 2 ────────────────────

인간의 창조와 타락

chapter 7   인간의 창조 143

chapter 8   인간의 타락 178

chapter 9   실낙원 194

Part 3 ────────────────────

노아의 홍수와 새 언약

chapter 10   심판 위에 은혜 215

chapter 11   전 지구적 대홍수 238

chapter 12   새 언약 256

chapter 13   민족과 언어의 기원 268

에필로그   처음을 믿지 못하면 끝까지 믿을 수 없다 281

창조과학 사역의 창립 멤버이자 귀한 동역자로서 활동하고 있는 김준 교수가 이 책을 출간하게 된 것을 진심으로 축하합니다. 1980년 8월 14~15일 정동 CCC 대강당에서 국내 최초로 개최된 국제 학술대회에서 김준 박사를 처음으로 만났습니다. 당시 그는 서울대학교 미생물학과 졸업반에 있는 학생이었습니다. 저는 하나님의 창조하심을 신실하게 믿는 과학자를 찾으며 기도하던 중이었는데 하나님께서 바로 그때 김준 교수를 만나게 해 주셨습니다.

그 이후 그는 창조론 연구 모임에 열정적으로 참석하였으며, 생화학 분야 박사과정을 위한 미국 유학을 앞두고 바쁜 시간을 내 창세기 1장부터 11장까지를 과학적으로 조명한 《창조는 과학적 사실인가》를 저술하였고, 1984년 한국창조과학회가 이를 발간하게 되었습니다. 당시 창조과학회 초대 회장으로 있던 제가 부탁한 대로 약속을 지켜 주어 유학 출발 전날에 원고를 탈고했던 기억이 있습니다. 약 20년간 이 책은 18쇄까지 인쇄되어 한국창조과학회가 1981년 최초로 발간한 《진화는 과학적 사실인가》라는 책과 함께 창세기를 과학적으로 분명하게 이해하도록 돕고, 오늘날 과학주의 시대에 창조론을 통하여 선교하는 데 큰 역할을 하였습니다.

김준 교수는 탁월한 학문적 업적을 이룬 과학자로서 보스턴대학교에서 신학 석사 학위도 받으셨습니다. 저는 과학과 신앙의 조화로운 균형을 갖춘 크리스천 과학자인 김준 교수를 한없이 자랑스럽게 생각하며, 창조주 하나님께서 사용하시는 귀한 분임을 분명히 믿고 있습니다.

창세기 1장부터 11장까지는 성경의 근본적인 기초가 되는 말씀입니다. 특별히 창세기 1장에 대한 믿음이 무너지면 나머지 성경 말씀에 대한 이해와 기초가 무너질 수 있기 때문에 창조주 하나님에 대한 확실한 신앙은 매우 중요합니다. 성경의 첫 장이 역사적으로나 과학적으로 사실이 아니라면 성경 전체를 믿을 수 없게 됩니다.

현대 많은 사람들이 복음에 귀를 기울이지 않는 큰 이유 중 하나는 하나님께서 태초에 천지를 창조하신 것은 신화 같은 이야기이며 기독교는 비과학적인 반면 진화론은 과학적으로 옳다고 생각하기 때문입니다. 복음의 씨앗이 사람의 마음 밭에 전해지더라도 하나님의 창조 섭리를 부정하는 진화론적 철학을 품은 가시밭이나 돌밭에 떨어지면 복음의 열매가 맺히지 못하는 경우가 많습니다. 우리는 이러한 돌과 가시를 없애고 마음 밭이 복음의 씨앗을 올바로 받기에 합당한 창조 신앙을 확립해야 합니다.

이 책을 신앙을 갖기 힘든 초신자, 성경의 기초가 되는 창세기 1장에서 11장의 말씀을 역사적, 과학적으로 받아들이지 못하여 성경을 이해하기 어려운 신앙인, 하나님이 진화의 방법을 통해 천지를 창조하셨다는 유신론적 진화론을 믿는 분, 전능하신 창조주 하나님의 6일간의 창조 사역을 믿기 어려운 분, 창세기 1~11장 말씀을 과학적으로 더 이해하고 싶은 모든 분께 강력히 추천합니다.

김영길 한국창조과학회 설립회장

생화학을 전공하고 한국창조과학회의 핵심 멤버로 활동하는 고려대 김준 교수는 경건한 그리스도인 과학도로서 어떻게 성경을 무오한 하나님의 말씀으로 읽을 수 있는지를 너무나 잘 보여 주고 있습니다.

특별히 진화론을 진리로 믿는 이 시대에 발전된 현대 과학에 뒤떨어지지 않으면서도 창세기를 창조론의 관점에서 해석하여 지금도 믿고 순종해야 할 계시의 말씀으로 하나님의 백성에게 선포할 수 있도록 돕는 수작이라 할 수 있습니다.

과학적 발견을 성경 본문에 억지로 대입하여 읽으려(eisegesis : reading into the text) 하지 않고, 성경을 읽을 때 생기는 과학적 질문을 전문 과학 지식과 신학적 지식으로 자연스레 읽어 내는(exegesis : reading out of the text)

김준 교수의 창세기 해석은 성경 주해로도 손색이 없습니다.

특별히 이 책은 폭넓은 과학 지식, 경건한 그리스도인만이 이해할 수 있는 신학적 관점과 하나님을 진정으로 사랑하는 삶의 경험 없이는 결코 가질 수 없는 성경 본문에 관한 통찰력을 담고 있습니다.

그의 글을 읽다 보면 과학도로서 성경에 대한 순수한 사랑과 진리 추구의 모습뿐 아니라, 이를 널리 알리려는 선교적 열정이 곳곳에서 느껴집니다. 그래서 책을 읽는 도중에 새로운 지식의 습득뿐 아니라 감동과 은혜를 받게 됩니다.

특별히 김준 교수는 창세기 본문에 대해 우리가 한 번쯤 던졌을 만한 질문들을 놓치지 않고 하나하나 친절하게 대답합니다. 독자들이 지루함을 느낄 새 없이 읽기 쉽고 재미있게 예화를 사용하여 창조과학적 관점에서 풀어 설명해 주고 있습니다.

이 책은 강대상에서 창조 신앙을 힘 있게 외쳐야 할 신학도와 목회자는 물론 창조론과 진화론의 논쟁에 관심이 있는 젊은이들과 이들을 가르쳐야 하는 그리스도인 지식인들이 반드시 일독해야 하기에 구약을 가르치는 신학교 선생으로서 강력하게 추천하는 바입니다.

김지찬 총신대학교 신학대학원 구약학 교수

저는 지난 20여 년 이상 침례신학대학교에서 구약학을 가르쳐 왔습니다. 미국에서 5년 동안 한인교회에서 목회를 하기도 했지요. 또한 한

국구약학회와 복음주의신학회 구약학회에서 회원과 임원으로 활동하며 구약성경 연구에 오랫동안 힘써 왔습니다.

그러므로 창세기 1장부터 11장의 본문은 저의 연구와 가르침의 중요한 한 부분이 되어 왔습니다. 특히 이 본문을 설교할 때에는 창조주 하나님의 위대함, 죄의 심각성, 노아의 홍수 사건을 통해 드러난 인간의 죄에 대한 심판의 냉엄함과 그 이후에 하나님이 보이신 세계적인 은혜 등의 주제를 강조하곤 했습니다.

그러나 태고적 사건에 관한 수많은 신학적 주석들과 연구 논문들을 읽고 가르쳐 오면서 항상 마음속에 조그만 아쉬움이 남았습니다. 그것은 창조 사건, 타락 사건, 홍수 사건, 바벨탑 사건 등에서 선포되는 신앙적 메시지들을 바르게 전할 뿐만 아니라, 그러한 사건들과 관련하여 야기되고 있는 과학적, 역사적 질문들에 관해 어떻게 하면 보다 쉽게 설명해 줄 수 있을까 하는 점이었습니다.

예를 들어, "태초는 언제일까? 첫째 날의 빛과 넷째 날의 빛의 차이는 무엇일까? 노아의 홍수 사건은 세계적인 사건이었을까 아니면 지역적인 사건이었을까? 노아가 하나님의 명령에 따라 만든 방주는 정말 홍수를 견딜 만큼 견고했을까? 세계 인류는 어떻게 나뉘게 되었을까?"입니다.

저는 창세기 1장부터 11장까지 언급되는 태고적 사건과 관련된 다양한 과학적인 질문들과 인간과 세상의 기원과 관련된 원인론적 질문들에 관해 현대 독자들이 보다 현실감 있게 이해할 수 있도록 그리스도

인 과학자들이 기여할 바가 있을 것이라고 생각해 왔습니다. 그리고 창
조과학회에 속한 분들이 이러한 면에 관해 오랫동안 기여해 왔음을 알
게 되었습니다.

《과학자의 눈으로 본 창세기》는 창세기 1장부터 11장까지 태고적 사
건의 역사성과 신앙적 교훈들에 관하여 그리스도인 과학자의 관점에
서 아주 쉽고 재미있고 또 설득력 있게 제시하고 있는 책입니다. 신학
자의 관점에서 볼 때 저자가 언급하는 신앙적인 교훈들도 건전하다고
봅니다. 각 주제와 관련된 핵심 사안들을 제대로 짚어 주며, 누구나 마
음에 품고 있는 질문들에 대해 공감하며 쉽게 소개하고 있어 처음부터
끝까지 단숨에 읽어 나갈 수 있었습니다. 그리고 이 책이 성경의 역사
성이나 진실성에 대한 의혹을 풀 수 있게 하는 데 아주 적합하다는 확
신을 얻게 되었습니다. 또한 성경의 사실성을 인정하고 신앙적 교훈을
얻고 있는 이들이 간과할 수 있는 과학적 진리들과 신비들을 발견하게
함으로써 창조와 역사의 주관자가 되시는 하나님의 위대하심에 감격
하게 만든다고 봅니다.

이 책은 과학이 인간의 삶을 지배하는 것처럼 보이는 시대를 살아가
면서 하나님의 존재나 초자연적인 능력을 부인하는 많은 현대인들에
게 기독교 신앙에 입문할 수 있도록 도전하는 전도용 책입니다. 뿐만
아니라 예수 그리스도를 삶의 주인으로 모시고 살아가는 그리스도인
들에게도 창조주 하나님의 위대함을 생생하게 느끼며 살아가게 만들
기에, 개인적으로나 교회적으로 나눌 가치가 있다고 봅니다.

이 책을 집필하기 위해 기도와 연구를 아끼지 않은 김준 교수의 노고에 감사드립니다. 이 책이 하나님의 임재와 능력을 만방에 드러내는 데 크게 사용되기를 기도합니다.

이형원 침례신학대학교 교수, 대학원장

인생의 고민과 질문은 시작과 끝에 대한 무지에서 비롯된 것입니다. 모든 학문의 역사는 "네가 어디서 왔으며 어디로 가느냐"(창 16:8)라는 질문에 대한 답을 찾는 과정이라고 할 수 있습니다. 과학의 역사 또한 크게 다르지 않습니다. 성경은 과학과 지성을 부정하지 않습니다. 성경의 진리가 과학적 발견과 모순될 수 없기 때문입니다. 오히려 과학의 발전은 성경이 진리임을 확증하는 데 기여할 것입니다. 그럼에도 불구하고 과학이 성경을 부정하는 길을 걸어 온 이유가 있습니다. 과학적 발견이 성경을 부정하기 때문이 아니라 부정하는 것으로 잘못 해석하기 때문입니다. 이렇게 현대 과학은 진리인 성경의 내용을 부정하면서 또 다른 이름의 종교가 되었습니다.

창세기는 근원과 시작의 책입니다. 특히 창세기 1장부터 11장까지는 세상의 시작과 인류의 시작에 관한 하나님의 계시가 기록되어 있습니다. 김준 교수는 이미 전작《창세기의 과학적 이해》에서 무수한 과학적 증거들이 창세기에 기록된 내용을 지지한다는 사실을 밝혀 주었습니다. 그리고 전작을 보완해서 새롭게 집필한 책《과학자의 눈으로 본 창세기》는 과학적 발견이 계속될수록 성경 내용이 진리임을 확증한다는 사실을 보여 줍니다. 하지만 이 책은 단순히 성경에 기록된 내용이 진리라는 사실을 확인하는 데 그치지 않고 독자로 하여금 과학의 눈으로 성경의 진리에 접근할 수 있도록 도와줍니다. 진화론적 세계관에 익숙한 사람에게는 진리의 문을 열어 줄 것이며 창조론적 세계관에 의문을 품은 그리스도인에게는 진리에 굳게 선 성숙한 믿음의 길을 열어 줄 것입니다.

과학의 올바른 자리를 고민하며 성경 안에서 과학의 길을 찾는 김준 교수의 노력이 담긴 이 책이 어디서 왔으며 어디로 가야 할지를 묻는 모든 이들에게 빛이 되어 주기를 소망합니다.

이재훈 온누리교회 담임목사

프롤로그

생명과학자가 본 창세기

나는 어려서부터 생명체를 유난히 좋아했다. 내 나이 또래라면 누구나 비슷한 경험을 했겠지만, 매년 봄 거리에 병아리 장수가 나타나면 어머니와 춘투(春鬪)를 벌이곤 했다. 하도 졸라 대니 어머니가 매학기 매우 까다로운 조건을 제시하셨고, 나는 단 하나의 목적을 위해 어머니가 제시하신 조건을 만족시킴으로써 거의 어김없이 봄마다 마당에서 병아리를 기를 수 있었다. 대부분이 일찍 죽어 버렸지만 그중 몇몇은 알을 낳을 정도로 잘 커서 키운 보람을 느끼기도 했다.

어머니 덕분에 다른 식구들의 강력한 불평에도 아랑곳하지 않고, 다양한 동물들을 키울 수 있었다. 병아리, 오리, 토끼, 강아지, 고양이, 다람쥐, 흰쥐, 금붕어, 열대어, 각종 새 등…. 가정집에서 나름대로 많은 동물을 키우다 보니 여름에 비라도 오면, 좋지 않은 냄새가 집 안에 진동하기도 했다.

덕분에 나는 초중고를 거치면서 생물과목에 대해서는 성적 걱정을 해 본 기억이 없을 정도가 되었다. 고3 때는 아주 유명한 생물 선생님이 담임이셨고, 수업도 매우 열심히 들었다. 그중에서 특히 '생명의 기원'에 대한 강의가 대단히 충격적이었다.

미생물로부터 오랜 시간에 걸쳐 생물이 진화했고, 인간이 지구의 주인이 된 것은 오래지 않았다니…. 평소 교회에서 배운 창조 이야기와 너무 큰 차이가 있었을 뿐 아니라, 만물의 영장인 인간의 존재가 참으로 미미하다는 사실에 충격이 컸다.

이를 계기로 생명의 기원에 지대한 관심을 갖게 되었다. 그래서 대학 전공도 미생물학으로 정하게 되었다. 이후 나는 미국 유학을 마친 후에 대학 강단에서 20여 년이 넘게 후학을 가르쳐 오고 있다.

미국에서 박사과정 중 DNA 복구(repair)를 주제로 연구할 수 있었고 지금까지도 그 연구를 계속하고 있다. 모든 생명체는 세포로 이루어져 있는데 이 세포의 중앙에 유전정보를 가지고 있는 DNA가 존재한다. 모든 세포는 손상 받은 자신의 DNA를 원 상태로 지키기 위해 최고 정밀도의 각기 다른 정교한 DNA 복구 시스템이 있다. 미생물에서 사람에 이르기까지 모두 존재한다. 나는 생명과학 공부를 하면 할수록 진화는 결코 이루어질 수 없었으며, 누군가의 섬세한 설계와 창조된 생명체를 그대로 유지하기 위한 정교한 설계가 있었다는 사실을 더욱 더 확신하게 되었다.

성경과 과학은 둘 다 진리를 논하지만 성경적 진리와 과학적 진리가 서로 다른 영역에 속한다고 생각하기 쉽다. 성경은 자연, 초자연, 인성, 신성까지를 포함하는 포괄적 진리이며, 과학은 현재적 자연과학 지식으로 자연현상을 설명하는 단편적인 진리다. 과학은 발전 여부에 따라 충분히 변화될 수 있다. 예를 들면, 생명과학의 기본인 유전자의 정의는 계속 변화되어 왔다. 물론 각 시대마다 늘 최첨단 지식이었지만, 유전자와 관련된 새로운 정보가 발견될 경우에 정의가 조금씩 바뀔 수 있다. 그것이 과학의 진보다.

나는 50년 이상 성경을 믿어 온 그리스도인으로서, 또한 40여 년간 생명과학을 연구해 온 학자로서 이 두 가지 진리가 서로 모순되지 않음을 깨달았다. 그러므로 이에 대해 끊임없이 연구하고자 하는 것이 나의 솔직한 고백이며, 이 책을 쓴 이유이기도 하다.

제자 중 한 명이 나에게 "어떻게 생명과학자가 노아의 방주에 현생하는 200만 종 이상의 생명체가 다 들어갈 수 있다고 믿습니까?" 하고 물어 왔다. 그러면서 이것이 가능하려면 노아의 방주가 제주도보다 더 커야 했을 터이니, 성경이 과학적으로 설명되지 않는 신화에 불과한 게 아니냐고 주장했다. 결국 본인은 진화론이 더 합리적이라고 생각한다는 것이었다. 과학도답게 지극히 지성적으로 추론한 결과다. 그에 대한 나의 대답은 "성경을 한 번이라도 자세히 읽어 보라"였다.

성경은 피조물이 그 '종류'대로 창조되었다고 말한다. 여기서 종류는 생물학적 용어로 '과'에 해당된다. 개, 닭, 소처럼 쉽게 생각할 수 있는 대표 동물이 과라고 생각하면 된다.

성경에 의하면, 노아의 방주에는 혈육 있는 생물을 태웠다고 한다. 혈육 있는 생물, 즉 동물은 포유류가 140과, 조류 220과, 파충류와 양서류가 150과로 총 510과 정도밖에 되지 않는다. 510가지 정도의 동물이 '종류대로' 창조된 것이다. 멸종한 동물들까지 고려하여 이들을 두 쌍씩 태운다고 해도 2,000마리 정도가 될 것이다. 따라서 노아의 방주에는 과학적으로 봐도 충분한 공간이 존재했었다.

그렇다면 생물학적 용어인 종(species)과 성경적 용어인 종류(kind)는 무슨 관계가 있을까? 과학과 성경이 충돌하는 것처럼 보일지 모르지만 내가 보기에는 해석의 차이가 있을 뿐이다. 즉 각 용어를 바르게 이해하고 해석하면 서로 연관성이 있음을 이해할 수 있게 된다는 뜻이다. 이와 관련된 내용은 본문에서 자세히 다룰 것이다.

이 책은 성경 66권 중 첫 책인 창세기를, 그중에서도 1장부터 11장까지를 생명과학자의 눈으로 보고 쓴 글이다. 내가 본 창세기 11장까지의 주제는 '생명'이다. 창세기는 하나님이 생명체의 탄생을 위해, 특히 창조의 최종 작품인 인간을 위해 먼저 환경을 조성하시고, 피조물들을 전 지구에 퍼뜨리신 과정을 설명한 책이다.

《창조는 과학적 사실인가》와 《창세기의 과학적 이해》를 출간한 이래 많은 격려와 더불어 반론을 받기도 했다. 그동안 과학계에서 연구가 많이 진행되어, 이번 책에서는 더욱 풍부한 자료를 가지고 창세기를 과학적으로 설명하고자 노력했다. 그간 학생들에게 강의하면서 들었던 그들의 고민도 반영해 보았다. 본문의 성경 구절도 개역한글판에서 개역개정판으로 수정하였으며, 히브리 원어에 보다 충실하도록 노력했다.

이 책을 준비하는 과정에서 한국창조과학회와 두란노서원 출판부의 많은 도움을 받았다. 또한 도움을 주신 이은일, 정선호, 이재영, 박형진, 이명희 교수님, 김흥석, 류승원, 이영근, 이상준 목사님, 또한 감수와 추천을 해 주신 한동대 김영길 설립 총장님, 총신대 김지찬 교수님, 침신대 이형원 교수님, 온누리교회 이재훈 담임목사님께 감사를 드리며, 이 책의 실질적인 저자인 하나님께 그 영광을 돌린다.

2016년 5월

김준

● ○

우리는 어디서 왔고,

누구이며,

어디로 갈 예정인가?

그 질문에 대해 창세기는

어떻게 대답하고 있는가?

PART 1

천지창조

태초에 하나님이 천지를 창조하셨다. 첫째 날에 물
질과 우주만물을 창조하시고, 둘째 날에는 대기권
을 만드시고, 셋째 날에는 육지와 바다를 나누고 식
물을 만드시고, 넷째 날에는 광명체로 지구를 비추
셨다. 다섯째 날에는 바다동물과 날짐승을 창조하
시고, 여섯째 날에는 육지동물과 사람을 창조하시
고, 일곱째 날에 안식하셨다.

창세기 1장은 생명체들의 삶을 위해 최적화된 우주
와 지구의 환경을 조성한 기록이다. 처음에는 무질
서하고 공허했으나 점차 질서가 잡히며 마치 어미
닭이 알을 품어 생명을 탄생시키듯이 생명을 창조
하셨다. 인간 창조에서 창조의 절정을 이룬다.

창조 제1일

창세기 1장의 최종 목표는 생명의 탄생에 있다. 이를 위하여 우주 및 지구의 환경 조성이 필요하다. 따라서 천지창조 첫날, 하나님은 생명 탄생을 위한 물질과 에너지를 만드는 데서부터 시작하셨다.

우주만물을 지으시다

창세기 1장 1절은 성경 전체의 제목에 해당된다고 할 수 있다.

> 태초에 하나님이 천지를 창조하시니라(창 1:1)

성경은 하나님이 "천지(天地)를 창조(創造)하셨다"고 선포한다. 여기에서 천지는 단순히 하늘과 땅을 가리키는 것이 아니라 보다 포괄적으로 우주 및 우주를 구성하는 시간과 공간과 물질과 에너지를 포함하는 것이다.

그러나 동시에 문자 그대로 '하늘과 땅'을 가리키는 것이기도 하다. 히브리 성경은 하나님이 샤마임(מִים)과 에레츠(אֶרֶץ), 즉 하늘과 땅을 창조하셨다고 기록한다. 성경에 등장하는 첫 번째 동사는 '창조하다'라는 뜻의 바라(בָּרָא)다. 다시 말해서 우주 즉 물질 및 시간과 공간의 창조를 의미하는 것이다. 우주 만물이 제1일에 창조되었다면 큰 광명, 작은 광명, 별들이 제4일에 만들어졌다는 것은 무엇을 의미하는가? 성경은 시작부터 모순이 있는가? 이 문제는 제4일에 다시 다루기로 하겠다.

우리는 지구가 태양의 인력에 의해 공간상 현재 위치를 유지하고 있음을 안다. 놀랍게도 하나님은 이 사실을 갈릴레오 갈릴레이보다 수천 년 앞서 욥에게 알리어 성경에 기록하게 하셨다.

> 그는 북쪽을 허공에 펴시며 땅을 아무것도 없는 곳에 매다시며
>
> (욥 26:7)

성경의 이런 표현이 천동설을 지지하고 있는 것은 아니다. 하나님은 지구라는 영역에 거주하는 한계가 있는 인간이 이해할 수 있는 수준에서 세상의 시작을 알려 주신다. 절대적인 진리를 상대적인 언어로 전달하신 것이다. 성경은 "지구가 자전한다"는 과학적인 진리를 인간의 입장에서 "해가 뜨고 진다"고 표현하고 있다.

오늘날에도 기상캐스터들이 "내일 아침 해 뜨는 시각은 6시입니다"라고 말한다. 이에 대해 "지구가 자전하여 해가 보이기 시작하는 시각은 6시입니다"라고 말해야 옳다고 주장할 사람은 없을 것이다. 이처럼 성경은 과학 서적이 아닐뿐더러 독자 대상도 과학자들이 아니다.

우주에 떠 있는 지구

태양계와 우주를 만들고 중력의 법칙을 만드신 창조주 하나님은 피조세계에 매이지 않으신다. 그보다 높은 차원의 영역에 존재하시는 분이기 때문이다.

땅이 혼돈하고 공허하며 흑암이 깊음 위에 있고 하나님의 영은 수면 위에 운행하시니라(창 1:2)

'혼돈'이라는 단어는 과학자들에게는 매우 익숙한 중립적인 용어다. 혼돈은 엔트로피(entropy), 즉 무질서도가 높은 상태라고 말할 수 있다. 마치 정리가 안되어 어지러운 방이 누군가의 손길에 의해 정돈되듯이 혼돈 상태에 에너지가 투입되면 정돈 상태가 된다(p. 37 '엔트로피 법칙' 참조).

하나님이 생명과 아름다움이 충만한 세계로 변형시키기까지는 생명이 존재할 수 없었으므로 땅은 공허했을 것이다. 아직 지구는 생명체가 살기에 부적절한 곳이었다. 창세기 1장은 처음에는 무질서하고 공허했으나 점차 질서가 잡히며 생명체가 살아갈 수 있는 환경이 조성되는 과정을 설명한다.

마치 어미닭이 알을 품어 생명을 탄생시키듯 하나님의 영이 지구를 품어 운행하셨다. 그중에서도 인간이 탄생하는 사건이 그 정점에 놓여 있다. 예레미야는 사람이 살지 않는 황폐한 땅을 표현할 때 여기서와 같은 혼돈과 공허를 쓰기도 했다.

> 보라 내가 땅을 본즉 혼돈하고 공허하며 하늘에는 빛이 없으며
>
> (렘 4:23)

기록에 의하면, 첫째 날 우주만물이 창조될 때 땅은 수면 아래에 잠겨 있었고 흑암이 깊음 위에 있었다. 셋째 날에 이르러서야 땅이 수면 위로 드러나게 되는데, 창세기를 포함한 구약성경의 첫 다섯 권, 즉 모세오경(Torah)의 기자로 알려진 모세는 수면 아래 있는 땅을 어떻게 상상할 수 있었을까? 뭍에서만 살아온 사람으로서 온 땅이 수면 아래에 잠겨 있는 모습을 생각해 내기란 매우 힘든 일이다. 오직 하나님께서 알려 주셨기 때문에 가능했을 것이다.

사도 베드로는 "땅이 물에서 나와 물로 성립"(벧후 3:5)되었다고 기록했다. 이는 물속에 있던 땅이 끄집어내어져 육지가 되고, 물이 한곳에 모여 바다와 땅이 성립되었음을 설명하는 것이다.

흑암은 빛이 없는 상태의 완벽한 어둠을 뜻한다. 이것은 현대 천체

물리학에서 우주의 대부분을 구성하고 있는 것으로 생각되는 암흑물질(dark matter)과 암흑에너지(dark energy)일 가능성이 있다.

'운행하다'는 뜻의 히브리어 동사 라합(רחף)을 신명기에서도 찾아볼 수 있다.

> 마치 독수리가 자기의 보금자리를 어지럽게 하며 자기의 새끼 위에 너풀거리며(라합) 그의 날개를 펴서 새끼를 받으며 그의 날개 위에 그것을 업는 것같이(신 32:11)

하나님이 이스라엘 백성을 이집트에서 구원하여 광야로 인도하신 사건을 어미 독수리가 새끼를 부화시키고 키워, 날기를 기다리면서 그 위를 맴돌며 운행하는 것으로 묘사했다. 빛과 생명이 만들어지기 전에 해변이 없는 광대한 대양 위를 하나님의 영이 운행하신 것이다.

창세기 1장 1절에서 주어로 사용된 하나님은 히브리어로 엘로힘(אלהים)이다. 이는 장엄복수형 일반명사이나 여기서는 창조주 하나님을 의미한다. 2절에서 하나님의 영을 나타내는 히브리어 루아흐(רוח)는 바람 혹은 호흡을 뜻한다. 엘로힘이 창조의 주체이셨고, 하나님의 영, 즉 성령이 참여하셨다. 뿐만 아니라 태초에 말씀이 있었는데, 이 말씀이 육신이 되어 후일 이 땅에 오셨다. 이를 통해 예수님도 창조에 참여하셨음을 알 수 있다. 요한은 이렇게 기록하고 있다.

태초에 말씀이 계시니라. 이 말씀이 하나님과 함께 계셨으니 이 말씀은 곧 하나님이시니라(요 1:1)

² 그가 태초에 하나님과 함께 계셨고 ³ 만물이 그로 말미암아 지은 바 되었으니 지은 것이 하나도 그가 없이는 된 것이 없느니라(요 1:2-3)

말씀이 육신이 되어 우리 가운데 거하시매(요 1:14a)

아버지여 창세 전에 내가 아버지와 함께 가졌던 영화로써 지금도 아버지와 함께 나를 영화롭게 하옵소서(요 17:5)

골로새서에서도 그 증거를 찾을 수 있다.

¹⁵ 그는 보이지 아니하는 하나님의 형상이시요 모든 피조물보다 먼저 나신 이시니 ¹⁶ 만물이 그에게서 창조되되 하늘과 땅에서 보이는 것들과 보이지 않는 것들과 혹은 왕권들이나 주권들이나 통치자들이나 권세들이나 만물이 다 그로 말미암고 그를 위하여 창조되었고 ¹⁷ 또한 그가 만물보다 먼저 계시고 만물이 그 안에 함께 섰느니라

(골 1:15-17)

이와 같이 성부, 성자, 성령의 삼위가 창조사역에 참여하셨다.

열역학 제1법칙이 시작되다

하나님이 이르시되 빛이 있으라 하시니 빛이 있었고(창 1:3)

하나님이 "빛이 있으라"고 명하셨다. 빛은 에너지이며 빛에너지를 가지고 있는 광자(photon)를 포함한다. 물리학의 '열역학 제1법칙'에 의하면 세상에 존재하는 에너지의 총합은 변하지 않는다. 즉 에너지는 스스로 생성되거나 소멸되지 않는다는 것이다.

태양은 제4일에야 비로소 큰 광명체로서 등장한다. 지구와 태양의 궤도 관계는 이때 정립되는 것이다. 그렇다면 첫째 날의 이 빛은 무엇인가? 지구와 궤도 정립이 되지 않은 태양의 빛이거나 다른 발광체의 빛일 수 있다. 빛은 태양의 독점물이 아니다. 밤하늘의 별들을 보라! 우주에는 태양처럼 빛을 발하는 항성이 수억 개나 있다고 추정된다.

첫째 날, 하나님은 온 우주를 채울 빛을 창조하셨다. 물론 물리적인 빛을 의미한다. 즉 우주에 존재하는 에너지와 물질의 총량을 정해 놓고 창조하셨다는 뜻이다. 이것은 열역학 제1법칙에 의해 지금까지도 보존되고 있다. 혼돈하고 공허하며 불안정한 상태의 지구에 에너지가 공급되어 안정되었고, 그리하여 지구는 시간과 공간, 물질과 에너지 면에서 생명체가 출현할 수 있는 기반이 마련되었다고 할 수 있다.

우주에 에너지가 투입되면서 '혼돈에서 정돈으로' 상태가 변환되었을 것이다. 누가 그 에너지를 투입하였는가? 창세기 1장 1~3절을 물리학적으로 봐도 제공자가 있을 수밖에 없음을 알 수 있다.

바빌로니아인, 이집트인, 그리스인 등 다른 고대인들이 창조신화를 가지고 있지만, 오직 히브리인들만이 빛이 태양보다 먼저 있었다고 기록하고 있다. 이것은 창세기가 인간의 경험에서 나올 수 없는 하나님의 말씀이며 인접 국가들의 신화나 설화를 모사(模寫)한 것이 아님을 증명한다.

하나님의 창조에는 다음 특성들이 있다.

첫째, 무로부터 창조하셨다.

둘째, 시간의 제약 없이 창조하셨다.

셋째, 완전하게 창조하셨다.

넷째, 단순히 말씀으로 '명함으로써' 창조하셨다.

그러면 인간의 발명은 어떠한가. 발명왕 토마스 에디슨(Thomas Alva Edison)은 1879년 10월 21일 최초의 전구를 만들어 내기까지 여러 종류의 재료를 사용하여 2년 동안 2,000번 이상 실험했으나 실패하였다. 그렇게 해서 만들어진 전구는 40시간도 채 못 견디고 타버렸다. 오랜 시간 동안 수많은 시행착오를 거쳐 전구를 발명하는 데 성공했지만 여전히 불완전했던 것이다. 에디슨은 "천재는 1%의 영감과 99%의 노력으로 만들어진다"는 명언을 남겼다.

하나님이 어떤 일이 일어나라고 명하셨다는 것은 곧 그 일이 일어나기를 원하셨으며, 원하신 대로 그 일을 행하셨음을 뜻한다. 잠언 8장을 보자.

²⁷그가 하늘을 지으시며 궁창을 해면에 두르실 때에 내가 거기 있었고 ²⁸그가 위로 구름 하늘을 견고하게 하시며 바다의 샘들을 힘 있게 하시며 ²⁹바다의 한계를 정하여 물이 명령을 거스르지 못하게 하시며 또 땅의 기초를 정하실 때에 ³⁰내가 그 곁에 있어서 창조자가 되어 날마다 그의 기뻐하신 바가 되었으며 항상 그 앞에서 즐거워하였으며(잠 8:27-30)

성경 전체를 통하여 하나님은 자신을 참 인격으로, 명하시는 왕으로, 자신의 계획을 이루시는 주인이자 일하시는 분으로 나타내신다.

하나님은 빛을 창조하고 좋아하셨다. "빛이 하나님이 보시기에 좋았더라"(창 1:4)는 하나님의 성품을 처음으로 드러낸 구절이다. 이후 피조물들을 창조하실 때마다 '좋았더라'고 말씀하시며, 이를 기뻐하시는 하나님의 성품이 계속하여 등장한다. 무엇인가를 만들고 나서 스스로 흐뭇하여 기뻐해 본 경험이 있다면, 그것은 아마도 우리가 맛볼 수 있는 신의 성품 중 하나일 것이다.

그런데 하나님은 왜 좋아하셨을까? 빛은 에너지와 생명의 근원이며, 빛 없이는 어떠한 생명체도 살아갈 수 없기 때문이 아닐까? 빛과 어둠은 서로 대조된다. 빛은 생명의 근원이다. '빛으로 오신 그리스도와 이에 반하는 영적인 어둠의 세력'을 연상할 수 있으나 창조 당시의 어둠은 단지 물리적 상태를 의미하는 것으로 보는 것이 타당하다.

⁴빛이 하나님이 보시기에 좋았더라 하나님이 빛과 어둠을 나누사 ⁵
하나님이 빛을 낮이라 부르시고 어둠을 밤이라 부르시니라 저녁이
되고 아침이 되니 이는 첫째 날이니라(창 1:4-5)

위성에서 본
지구의 빛과 어둠의 분리선

위 구절은 재미있으면서도 매우 놀랍다. 수천 년 전에 살았던 사람으로서는 도저히 생각할 수 없는 구절이기 때문이다. 오직 하나님만이 쓰실 수 있는 표현이다. 왜냐하면 첫째 날 저녁을 맞기도 전에 어두움과 빛, 즉 밤과 낮이 지구 표면에 나타났기 때문이다.

수천 년 동안 사람들은 하늘의 달이 밝은 곳과 어두운 곳으로 나뉘어 보이는 것에 익숙해져 있었다. 달 표면에 일종의 빛과 어둠의 분리선이 있었던 것이다. 그러나 16세기 코페르니쿠스(Nicolaus Copernicus) 이전까지는 어느 누구도 지구 표면에도 달과 마찬가지로 빛과 어둠의 분리선이 있음을 생각조차 하지 못했다. 우주 비행사들이 지구의 사진을 찍어 보내옴으로써 지구도 동시간대에 일부는 밝고 일부는 어둡다는 사실을 실제로 확인할 수 있었다.

모세를 포함한 인류의 어느 누가 이와 같은 그림을 마음에 품었으랴. 오직 하나님만이 그러하실 수 있었고, 친히 성경 기자에게 '하나님

의 시각'을 주셨던 것이다.

빛의 근원이 무엇인지는 어느 누구도 정확히 말할 수 없다. 그러나 첫날 빛이 창조되었을 때 태양을 포함한 우주의 별들이 만들어졌다고 보는 것이 타당하다고 여겨진다. 다만 태양계 내에서 지구와 가장 가까이 위치한 항성인 태양이나 어느 한 방향에 위치하고 있었던 항성이 빛을 비추었을 것이라고 추측할 뿐이다. 만약 사방에서 빛이 지구 전체를 비추었다면 빛과 어둠, 저녁과 아침의 분리란 있을 수 없기 때문이다.

저녁이란 빛을 좋아오는 어둠의 점진적인 접근을 의미한다. 따라서 이것은 2절의 완전한 어둠인 흑암을 의미하지 않는다. 밤은 완벽하게 어두울 수 없기 때문이다. 빛이 창조된 후에 찾아온 저녁을 가리킨다. 하나님은 빛을 낮이라 하고 어둠을 밤이라 이름하셨다. 뿐만 아니라 땅, 하늘, 바다도 모두 하나님이 직접 이름 지으신 것이다. 이는 하나님의 주권이 이들에게 있음을 뜻한다.

카이로스와 크로노스, 시간의 주인 되신 하나님

넷째 날 태양 빛이 지구를 비추기 전에 하루가 세 번 바뀌었다. 과연 태양이 지금과 같이 존재하기 전에도 하루가 있었을까?

코페르니쿠스가 지동설을 중심으로 하루를 정의한 것은 기원후 1500년경이며, 창세기가 쓰인 것은 기원전 1500년경이다. 지동설이 나오기 3000년 전부터 성경은 태양과 무관하게 하루를 서술하고 있었다.

그렇다. 하루의 길이는 태양의 움직임이 아닌 지축을 중심으로 한 지구의 회전에 의해 결정되므로 태양이 존재하기 전에도 하루가 있을 수 있다.

그렇다면 제1일의 하루는 몇 시간이었을까? 태초에 지구의 자전 속도는 얼마였으며, 얼마 동안이나 물속에서 흑암의 상태를 지속했을까? 이에 대한 정직한 답은 "모른다"이다. 앞서 언급한 바와 같이 태양과 달과 별은 제4일에야 등장하므로 이때는 태양계의 행성 간 관계가 아직 정립되지 않은 상태였다.

물론 여러 가지 해석이 가능하다. 하루를 뜻하는 히브리어 욤(יוֹם)은 1일 24시간을 나타내기도 하지만 막연한 기간(an indefinite time)을 뜻하기도 한다. 하나님은 시간의 창조자이자 주관자이시므로 시간을 초월해서 존재하시는 분이다. 그러므로 그분에게는 하루가 천 년 같을 수 있고, 천 년이 하루 같을 수 있다(벧후 3:8; 시 90:4).

성경적 시간에는 두 종류가 있다. 하나는 과학적으로 흘러가는 시간인 크로노스(κρόνος)이고 다른 하나는 의미 있는 시간인 카이로스(καιρός)이다. 카이로스는 어떤 일이 수행되기 위해 하나님이 계획하신 특정한 시간을 의미한다. 시간의 주인이신 하나님의 능력은 제한될 수 없다. 지구를 46억 년에 걸쳐 만드실 수도 있지만, 단지 엿새 만에도 만드실 수 있는 분이다.

하나님은 안식일에 대해 명하실 때 태초 엿새를 우리에게 익숙한 물리적인 시간인 크로노스로 설명해 주셨다.

⁸안식일을 기억하여 거룩하게 지키라 ⁹엿새 동안은 힘써 네 모든 일을 행할 것이나 ¹⁰일곱째 날은 네 하나님 여호와의 안식일인즉 너나 네 아들이나 네 딸이나 네 남종이나 네 여종이나 네 가축이나 네 문 안에 머무는 객이라도 아무 일도 하지 말라 ¹¹이는 엿새 동안에 나 여호와가 하늘과 땅과 바다와 그 가운데 모든 것을 만들고 일곱째 날에 쉬었음이라 그러므로 나 여호와가 안식일을 복되게 하여 그 날을 거룩하게 하였느니라(출 20:8-11)

하나님은 제4일에 이르러서야 광명체를 "하늘의 궁창에 두어 땅을 비추게 하시며 낮과 밤을 주관하게"(창 1:17-18) 하셨다. 만일 태초의 하루가 크로노스로 24시간이었다고 하더라도 사실상 제3일까지는 지금의 하루와는 그 길이가 다를 수 있다는 뜻이다(p. 39 '하루 실험' 참조).

현대 과학은 이 문제를 아직 완벽하게 해결하지는 못했다. 지구의 나이에 대해서 과학적인 다양한 증거와 이론이 있으며, 이 영역에서 각 이론을 확실하게 증명할 과학적 방법이 아직은 부족하다. 하지만 하나님이 목적을 가지고 천지를 창조하셨다는 사실을 지지하는 과학적 증거는 많은 영역에서 풍부하게 찾을 수 있다.

카이로스를 크로노스로 해결할 수 없듯이, 말씀으로 창조하셨다는 초과학적 사실은 궁극적으로 과학적 방법으로 해결할 수 없다.

너희 각 사람에게 말하노니 마땅히 생각할 그 이상의 생각을 품지

말고 오직 하나님께서 각 사람에게 나누어 주신 믿음의 분량대로 지혜롭게 생각하라(롬 12:3)

천재 물리학자 아인슈타인은 처음으로 3차원에서 나아가 4차원을 생각한 인물이다. 그는 4차원에서 통합된 공간과 시간이 서로 대칭성을 가지고 시공간의 휘어짐으로 나타난다고 주장했다. 지금 우리가 살고 있는 시간 및 공간 이외에도 다른 차원의 세계가 있을 수 있다는 이야기다.

아인슈타인의 주장대로 우리가 4차원의 세계에 살고 있고, 사도 바울이 삼층천을 건너 천국의 세계를 경험하고 온 것으로 고린도후서 12장 2절에서 기술하고 있다. 그렇다면 하나님은 몇 차원의 세계에 계시는 걸까?

현미경 Talk 1

엔트로피 법칙

앞에서 무질서의 법칙을 어지러운 방으로 비유한 바 있다. 물이 담겨 있는 컵에 잉크를 한 방울 떨어뜨리면 잉크의 무질서도가 증가되어 컵의 물이 파란색으로 변한다.

우주를 태엽이 감긴 시계에 비유할 수 있다. 태엽이 영원히 감긴 채 있을 수 없다. 감겼던 태엽이 서서히 풀림으로써 시계가 돌아가기 때문이다. 태엽이 풀리고 있다는 것은 틀림없이 태엽을 감았던 때가 있음을 뜻한다.

물리학자들은 태초에 우주 에너지가 증가된 시점이 있었고, 그 이후로 쓸모 있는 에너지가 계속 감소하며, 우주의 무질서도, 즉 엔트로피가 계속 증가하고 있다고 설명한다.

열역학 제1법칙에 의하면, 이 세상에 존재하는 에너지의 총합은 변하지 않는다. 즉 에너지는 스스로 창조되거나 소멸되지 않는다는 것이다. 존재하는 에너지는 시간이 지남에 따라 유용하게 사용할 수 있는 에너지는 감소하고, 반대로 쓸모없는 에너지가 증가한다. 이것을 열역학 제2법칙이라고 한다.

쓸모없는 에너지의 증가가 바로 엔트로피의 증가다. 엔트로피는 무질서도 즉 혼돈의 상태라고 할 수 있다. 물리학적으로 보면 세상은 시간이 갈수록 무질서해져 간다. 무질서한 상태를 질서의 상태로 만들기 위해서는 새로운 에너지가 투입되어야 한다. 처음에 혼돈과 공허로 가득했던 우주는 에너지의 준위가 높아졌어야만 했다. 누군가에 의해 그 에너지가 증가되었기에 질서가 있는 우주, 즉 코스모스(cosmos)를 이루게 되었다.

또한 아인슈타인의 특수상대성이론은 '물질과 에너지의 등가 원리'로서 모든 질량을 가진 물질은 그에 상당하는 에너지를 가지고 있다. 즉 물질은 곧 에너지라는 원리다. 하나님은 천지만물과 빛을 창조하실 때 우주에 존재하는 에너지와 물질의 총량을 정해 놓고 창조하셨고, 이 것이 지금까지 보존되고 있음을 알 수 있다.

하루 실험

태초 제1일에 흑암이 얼마나 지속되었으며 얼마나 오랫동안 물속에 잠겨 있었는지 알 수 없다. 또한 지구의 자전 속도는 시속 1,669km인데, 언제부터 이 속도를 갖게 되었는지는 하나님만이 아신다. 따라서 태초의 하루가 지금의 하루와는 다를 수 있다. 신학적 해석상 태초의 하루를 24시간인 크로노스로 볼 수도 있고, 일정 기간인 카이로스로 볼 수도 있다.

그러나 태초의 하루를 24시간이었다고 가정하자. 또한 지구가 지금과 같은 속도로 자전했다고 가정하고, 다음의 간단한 실험을 통해 "저녁이 되며 아침이 되니 이는 첫째 날"이라는 말씀을 생각해 보자.

> 하나님이 빛을 낮이라 부르시고 어둠을 밤이라 부르시니라 저녁이 되고 아침이 되니 이는 첫째 날이니라(창 1:5)

실험

1. 어두운 방 안에 지구본을 놓는다. 지구본 위 적도 부분에 점을 하나 표시한다. 이 점을 O라고 하자. 지구본을 자전 방향, 즉 왼쪽에서 오른쪽으로 회전시킨

다. 빛이 창조되기 전이므로 점 O는 흑암 상태를 유지한 채 자전하게 된다.

2. 태초 제1일의 하루를 24시간으로 가정하고, 점 O가 0시 위치에서 출발하여 6시간이 흘러 A위치에 왔다고 하자.

3. 이 위치에서 빛이 창조되었다면, 점 O은 낮이 된다. 낮과 밤이 있다는 것은 빛이 한쪽 방향에서 비추었음을 뜻한다.

4. 다시 6시간이 흐르면 점 O는 B위치로 90° 회전하게 되고, 어둠을 통과하는 저녁이 시작된다.

5. 12시간 뒤 점 O가 180° 이상 회전된 지점에서 어둠에서 빛으로 나오게 된다. 이때 저녁이 끝나고 아침이 된다. 첫째 날이다.

하나님이 빛을 창조하기 전에 지구가 물에 덮인 채 이미 6시간 동안 존재해 있었다고 가정하는 것이 합리적이다. 점 O는 24시간 후 동이 트는 바로 그 지점에 정확히 위치했을 것이다.

따라서 제1일이 될 때까지 점 O는 창조 직후 6시간의 흑암과 6시간의 낮을 보내는데 저녁으로 낮은 끝난다. 12시간의 밤을 보낸 후 아침으로 저녁이 끝난다. 총 24시간이 흘렀다.

결과적으로 제1일은 18시간의 어둠과 6시간의 밝음으로 구성되었을 것이고, 이로써 창세기 1장의 하루는 현재의 하루와는 달랐음을 알 수 있다.

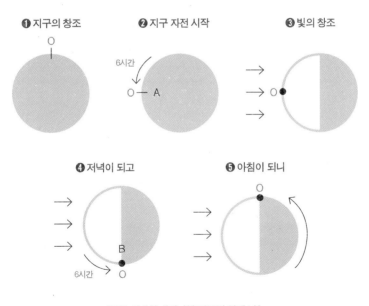

〈북극 위에서 내려다본 지구의 첫째 날〉

chapter 2

창조 제2일

태초 둘째 날을 살펴보자. 이 날에 하나님이 궁창을 만드셨다. 궁창
위의 물과 궁창 아래의 물을 나누고 궁창을 하늘이라 부르셨다. 궁창이
란 대기권을 가리킨다.

궁창의 비밀을 열다

궁창에 해당하는 히브리어 라키아(רָקִיעַ)는 본래 '확장' 혹은 '얇게 펼
침'을 뜻한다. 창세기의 궁창은 공기 또는 대기, 공간 또는 대기권으로
해석하는 것이 옳다. 지구는 대기를 구성하기에 적절한 중력을 가진 크
기였다.

[6] 하나님이 이르시되 물 가운데에 궁창이 있어 물과 물로 나뉘라 하

시고 7하나님이 궁창을 만드사 궁창 아래의 물과 궁창 위의 물로 나

뉘게 하시니 그대로 되니라(창 1:6-7)

6And God said, Let there be a firmament in the midst of the waters, and

let it divide the waters from the waters. 7And God made the firmament,

and divided the waters which were under the firmament from the waters

which were above the firmament: and it was so(GEN 1:6-7, KJV).

KJV역은 궁창 곧 라키아를 firmament
로 번역했다. 궁창 위에 수분층을 떠받
치고 있는 것이 궁창이기 때문에 딱딱
하고 굳은 것(firm)으로 이해했던 것 같
다. 주전 250년경 히브리 성경을 헬라
어로 번역하는 과정에서 이러한 이해가

고대 히브리인의 궁창 상상도

반영되었다. 예를 들어, 히브리인들은 궁창을 푸른 하늘에 창문이 있는
돔형 유리나 금속판으로 묘사하며, 단단한 궁창이 열리면 궁창 위의 물
이 땅으로 쏟아져 내린다고 상상했다.

그러나 실제로 성경에는 그러한 아이디어가 전혀 나와 있지 않다.
욥은 하나님이 "물을 빽빽한 구름에 싸시나 그 밑의 구름이 찢어지지
아니"(욥 26:8)하였다고 기록한다. '하늘의 창들'이란 표현은 비와 관련
해서뿐만 아니라 하나님이 내시는 곡식에 대해서도 사용되었다.

그때에 이 장관이 하나님의 사람에게 대답하여 이르되 여호와께서 하늘에 창을 내신들 어찌 이 일이 있으랴 하매 대답하기를 네가 네 눈으로 보리라 그러나 그것을 먹지는 못하리라 하였더니(왕하 7:19)

만약 하늘이 딱딱한 판이었다면 분명 새들이 그 안에서 날 수 없었을 것이다.

땅 위에 있는 어떤 짐승의 형상이든지, 하늘을 나는 날개 가진 어떤 새의 형상이든지(신 4:17)

공중의 학은 그 정한 시기를 알고 산비둘기와 제비와 두루미는 그들이 올 때를 지키거늘 내 백성은 여호와의 규례를 알지 못하도다 (렘 8:7)

'궁창 위의 물'을 구름으로 생각하는 사람들도 있다. 잠수함이 문자적으로 '바다 아래로 다니는 배'이지만 실제로 바다 밑을 다니는 폐쇄형 기계인 것과 같다. 실제로 구름은 하늘, 즉 공중에 있다.

그러나 어떤 과학자들은 이 구절이 보다 깊은 의미를 내포하고 있다고 믿는다. 노아의 홍수 전에는 지구 전체에 걸쳐 수증기층(water canopy)이 있었고, 지금의 대기보다 더욱 효과적으로 태양광과 자외선을 차단함으로써 전 지역에 아열대 기후가 형성되었을 것이라고 생각한다. 전 세계에 퍼져 있는 화석이 당시 온난한 아열대 기후가 있었음을 증명해 주고 있다. 궁창 위의 물이 수증기층이었다는 증거이다.

창세기 외에 다른 성경에서 대기를 어떻게 설명하고 있는지를 살펴 보자. 엘리후가 욥에게 이렇게 물었다.

> 그대는 겹겹이 쌓인 구름과 완전한 지식의 경이로움을 아느냐
>
> (욥 37:16)

'겹겹이 쌓인 구름'은 확실히 창조의 경이 중 하나다. 인간은 그것에 견줄 만한 어떤 것도 결코 만들어 내지 못한다. 욥기에서 또 다른 재미있는 구절을 찾아볼 수 있다.

겹겹이 쌓인 구름

> 바람의 무게를 정하시며 물의 분량을 정하시며(욥 28:25)

이 구절을 읽은 갈릴레오의 제자 에반젤리스타 토리첼리(Evangelista

Torricelli)가 1643년 최초로 기압계를 만들었다. 그전까지는 공기가 무게를 가졌다는 사실을 안 사람은 아무도 없었다. 놀랍게도 성경은 이보다 3,000여 년 전에 이미 이것을 기록했다.

> 하나님이 궁창을 하늘이라 부르시니라 저녁이 되고 아침이 되니 이는 둘째 날이니라(창 1:8)

창세기 1장 1절의 창조는 포괄적으로 천지, 즉 하늘을 뜻하는 샤마임과 땅을 뜻하는 에레츠로 기록되어 있다. 하나님은 궁창을 샤마임이라 부르셨다. 제1일에 빛과 어둠을 각각 낮과 밤이라 부르심과 같이 제2일에도 물과 대기를 포함한 궁창, 즉 라키아를 하늘 곧 샤마임이라고 직접 이름하신 것에 주목하자.

왜 이름을 직접 지어 주셨을까? 그 이유는 하나님만이 그것들의 본질을 규정하실 수 있는 분이며, 그들에 대한 주권을 가진 통치자이자 지배권자임을 보이기 위함이다. 생명 유지에 반드시 필요한, 그러나 인간은 조절할 수 없는 영역에 손수 이름을 붙여 주셨다.

현대 과학이 아무리 발달한다 하더라도 자연 섭리에 대항할 수 있는 과학은 존재하지 않는다. 어떤 창조설화에서도 성경만큼 대기의 중요성을 강조한 내용은 찾아볼 수 없다. 공기는 모든 생물에게 필수 조건이다. 우주비행사가 달까지 산소통을 지고 가는 이유가 무엇인가? 공기가 없기 때문이다. 애초에 하나님은 사람들을 그곳에 살게 하려 하지 않으셨다.

하나님은 지구를 창조하실 때부터 인류를 포함한 모든 생명체가 살아가기에 최적의 환경으로 조성하셨다. 앞으로 이를 하나하나 확인해 나갈 것이다(p. 56 '다섯 가지 기본 환경이 조성되다' 참조).

하나님은 무엇을 창조하시고
무엇을 만드셨는가

창세기 2장에 하나님이 천지만물을 다 이루신 후에 "그 창조하시며 만드시던 모든 일을 마치시고 그 날에 안식"(창 2:3)하셨다는 기록이 있다. 나는 이 구절을 깊이 묵상한 후에 이런 질문을 던지게 되었다.

"하나님은 무엇을 창조하시고 무엇을 만드셨는가?"

'창조하다'의 히브리어는 바라(בָּרָא)이며 영어의 create에 해당된다. '만들다'에 해당하는 히브리어는 아사(עָשָׂה)로 영어의 make에 해당되며 바라와 아사는 자주 혼용된다.

학교에서 동사 '만들다'와 '창조하다'의 차이점에 대해 배운 적이 있을 것이다. '만들다'는 '창조하다'를 포함하는 더 크고 포괄적인 단어이며, '창조하다'는 매우 구체적인 의미를 지닌다. 창조는 무에서 유로 한 차원 더 높은 그 무엇의 만듦을 의미한다. 즉 아무것도 없는 상태에서 무엇인가를 만들어 내는 것(creatio ex nihilo; creation out of nothing)이 창조이며, 이미 만들어진 것을 다른 것으로 변형시켜 만들거나 발전시키는 것이 만듦이다.

말하자면 목수는 나무로 탁자를 만들고, 예술가는 작품을 창조한다. 하나님은 천지와 인간을 만드셨지만 구체적으로는 창조 행위를 하신 것이다.

태초 창조의 과정에서 동사 '창조하다'가 어떤 경우에 쓰였는가를 알아봄으로써 하나님의 창조의 속성을 이해할 수 있을 것이다. 창세기 1장에서 '창조하다'라는 동사는 세 군데에 사용되었다. '창조하다'라는 동사가 쓰일 때마다 피조물의 차원이 한 단계씩 더 높아졌음을 발견할 수 있다. 우리는 일상 대화에서 '차원이 다르다'는 표현을 흔히 쓰는데, 바로 이곳에서 차원이 달라지는 것을 볼 수 있다.

제1일 "천지를 창조"(창 1:1)하셨고, 제5일 "큰 바다 짐승들과 물에서 번성하여 움직이는 모든 생물을 그 종류대로, 날개 있는 모든 새를 그 종류대로 창조"(창 1:21)하셨으며, 제6일 마지막으로 "하나님이 자기 형상 곧 하나님의 형상대로 사람을 창조하시되 남자와 여자를 창조"(창 1:27)하셨다. 이 세 군데를 제외한 나머지는 '만들다'라는 동사가 쓰였다.

위에서 언급한 창세기 2장 3절의 말씀에 근거해 창세기 1장의 경우에는 '창조하다'와 '만들다'가 특별히 구분되어 사용된 것으로 보인다. 왜냐하면 창세기 2장 3절이 창조 행위의 실질적인 마무리 문단이기 때문이다. 그런데 왜 유독 세 군데에서만 창조라는 단어를 썼을까?

첫째, 제1일 하나님은 무의 상태에서 물질(matter)을 창조하셨다. 전 우주에 존재하는 물체는 이 물질들로 이루어지게 되었다. 제4일까지 이 물질을 재료로 하여 지구와 무생물 및 식물이 만들어졌다.

둘째, 제5일 1차원의 물질세계보다 한 차원 높은 혼(soul)이 창조되었다. 동물은 혼적인 존재다. 하나님은 큰 바다 짐승, 물고기와 새를 만드시면서 혈육 있는 생물, 즉 뇌가 있으며 피가 흐르는 동물의 육신에 혼을 넣어 주셨다. 혼이란 인지, 인식, 감각 등의 지각 능력으로서 세상을 살아가는 데 필요한 지능(intelligence)을 포함한다. 따라서 이는 신성한 것이며 종교에 따라 짐승의 살생을 금하기도 한다.

셋째, 제6일 인간을 창조하셨다. 인간의 영(spirit)이 창조된 것이다. 혼과 영은 다른 차원의 영역에 있다. 영은 혼보다 더 고차원적인 세계에 속한다. 인간이 동물과 다른 점이 무엇이며, 하나님이 인간을 동물과 차별되도록 차원 높게 창조하신 속성이 무엇인가? 우리는 그 답을 알고 있다. 사람은 하나님을 의식(God consciousness)하고 그분과 교제(spiritual communication)할 수 있는 영적인 존재다.

여호와 하나님이 땅의 흙으로 사람을 지으시고 생기를 그 코에 불어

넣으시니 사람이 생령이 되니라(창 2:7)

하나님의 생기를 직접 코에 불어넣어 주심으로써 사람은 생령이 되었다. 즉 '살아있는 영'이 되었다는 의미다. '생령'이 되었다 함은 '살아있는 존재'가 되었다는 의미다. 하나님은 오직 인간에게만 생기를 불어넣어 주셨다. 인간만이 영(spirit)을 가진 존재인 것이다.

영혼육은 생령과 의식과 물질로 대입할 수 있다. 이들은 모두 다른 차원으로 창조된 거룩한 속성이며 인간만이 세 가지 속성을 모두 가지고 있는 유일한 피조물이다.

영과 혼을 혼용하여 쓰는 경우가 많으며 일반적으로 영혼이라고 함께 쓴다. 성경에서도 이렇게 쓰인 경우를 많이 찾아볼 수 있다. '창조하다'와 '만들다'를 혼용하는 경우와 유사하다.

그러나 창세기 1장의 창조 사역을 통하여, 사람이 영과 혼과 육을 가진 존재임을 확인할 수 있으며, 예수 그리스도 강림 이후 다음 성경 구절이 이를 확실히 증거하고 있다.

평강의 하나님이 친히 너희를 온전히 거룩하게 하시고 또 너희의 온

영과 혼과 몸이 우리 주 예수 그리스도께서 강림하실 때에 흠 없게

보전되기를 원하노라(살전 5:23)

따뜻한 우유병의 비밀,
지구 나이 측정의 한계

어느 날 저녁, 집에 돌아왔더니 식탁 위에 모유가 담긴 병이 하나 놓여 있었다. 만져 보니 아직 따뜻했다. 얼마나 오랫동안 병에 담겨 있었을까? 여기서 몇 가지 추론을 해볼 수 있다.

첫째, 모유를 병에 담아 75℃ 정도 데운 후 30분간 방치하면서 식혔다.
둘째, 모유를 45℃ 정도 데운 후 10분 정도 식혔다.
셋째, 불과 1분 전에 유축하여 병에 담았다.

어느 추론이 옳은가? 이 중 어떤 것도 과학적으로 증명할 길이 없다. 가장 현명한 길은 산모에게 묻는 것이다. 왜냐하면 모유를 생산한 이가 바로 산모이기 때문이다.

지구의 탄생에 대한 추론도 이와 마찬가지다. 지구가 어떻게 해서 동식물과 인간에게 가장 적절한 온도를 갖추게 되었는지에 대해 과학자들마다 다른 이론들을 제시한다.

과학자의 대다수는 방사성 동위원소 측정 결과를 놓고 지구가 태양으로부터 떨어져 나온 후, 46억 년 동안 식어 온 것이라고 믿는다. 그 과학적 증거로 우라늄에서 납으로 방사성 붕괴되는 반감기가 45억 년인데, 가장 오래된 것으로 추정이 되는 암석이 49%는 우라늄, 51%는 납으로 구성되어 있었기 때문에 암석의 초기 조건이 100% 우라늄이었다고 가정했을 때 그 나이가 46억 년가량으로 추정된다는 것이다. 이것이 과학에서 말하는 지구 나이 측정 방법이다.

또 다른 과학자들은 오늘날 지구의 나이가 46억 년보다 훨씬 젊다고 믿고 있다. 물론 여기에도 과학적 증거들이 존재한다. 30년 동안 연대 측정법을 연구한 공학자 헨리 모리스(Henry M. Morris) 박사는 그의 저서 《과학적 창조론》(Scientific Creationism, 1974)에서 다음과 같이 썼다.

"일반적 견해와는 달리 과학적 사실들은 지구의 나이가 진화론자들이 주장하는 나이보다 훨씬 젊다는 것에 일치하고 있다. 아마도 1만 년이 그 상한선이 될 것 같다."

최근 RATE 프로젝트의 연구 결과에 의해서도 지구의 나이는 46억 년만큼 오래되지 않은 것을 알 수 있다.[1]

실제 어떤 일이 일어났는지 아무도 관찰하지 못했기 때문에 어느 추

---

1 《엿새 동안에》, 한국창조과학회, 세창미디어, 2011. 318쪽.

론이 맞는지 과학적으로 증명하기란 불가능하다. 초기 조건에 따라 달라지므로 오래될 수도 또는 매우 젊을 수도 있다. 관측자가 없으므로 누구도 알 수가 없는 것이다.

따라서 우주 및 지구의 나이에 대한 가장 현명한 답은 "하나님께 물어보라"이다. 왜냐하면 그분이 우주 및 지구를 만드셨기 때문이다.

chapter 3

창조 제3일

창조 셋째 날에 하나님이 땅과 바다를 나누고 식물을 만드셨다. 이 날에야 비로소 지구에 생명체가 등장했다. 생명체가 거주하는 데 필요한 낮, 밤, 하늘, 땅, 바다와 같은 지구의 '다섯 가지 기본 환경 요소'를 첫째, 둘째, 셋째 날에 걸쳐 완성하고 좋아하셨다. 그리고 식물을 그 종류대로 만드시니 보시기에 좋았다고 하셨다. 식물은 인간과 동물의 생존에 반드시 필요한 먹거리일 뿐 아니라 산소 공급자다.

다섯 가지 기본 환경이 조성되다

> 하나님이 이르시되 천하의 물이 한 곳으로 모이고 뭍이 드러나라 하시니 그대로 되니라(창 1:9)

노아의 홍수 전까지는 아직 높은 산들이 형성되지 않았던 것 같다(p. 238 '전 지구적 대홍수' 참조).

> [6] 옷으로 덮음같이 주께서 땅을 깊은 바다로 덮으시매 물이 산들 위로 솟아올랐으나 [7] 주께서 꾸짖으시니 물은 도망하며 주의 우렛소리로 말미암아 빨리 가며 [8] 주께서 그들을 위하여 정하여 주신 곳으로 흘러갔고 산은 오르고 골짜기는 내려갔나이다 [9] 주께서 물의 경계를 정하여 넘치지 못하게 하시며 다시 돌아와 땅을 덮지 못하게 하셨나이다(시 104:6-9)

홍수 이전 세계는 약간의 경사와 구릉이 있었겠지만 지금보다 더 편평했으며 바다도 더 얕았을 것이다.

제3일에 천하의 물이 한곳으로 모였다는 것은 해발 수위가 같도록 연결된 큰 바다, 즉 대양(大洋)이 생겨났음을 가리킨다. 어떤 과학자들은 육지가 어느 날 심해에서 치솟아 올랐다고 믿기가 매우 어렵다고 말한다. 그러나 어느 누구도 실제로 무엇이 육지를 최초로 드러나게 했는지 알지 못한다.

성경은 하나님이 뭍을 드러나게 하셨다고 기록할 뿐이지만, 과학적으로는 습곡운동으로 큰 폭포 및 단층이 생기고 육지가 드러난 것으로 설명할 수 있다. 1883년 8월 27일 인도네시아 크라카토아 섬의 화산이 대폭발했을 때 섬의 3분의 2가 날아가 버렸고, 분출물이 30km 이상 높이까지 날아갔다. 이때 높이 15m의 해일이 서부 자바를 엄습하여 3만 6,000여 명의 사상자를 낳기도 했다. 근세 세계 화산 활동 사상 최대의 사건이었다. 이처럼 지각변동의 힘은 지금까지도 가공할 만하다.

하나님은 제1일부터 제3일까지 생명체 생존에 필요한 다섯 가지 기본 환경 요소인 낮, 밤, 하늘, 땅, 바다를 만들고 직접 이름을 붙이셨다.

> 하나님이 뭍을 땅이라 부르시고 모인 물을 바다라 부르시니 하나님이 보시기에 좋았더라(창 1:10)

이는 하나님이 피조세계의 창조자이자 공급자이며 소유자이자 관리자이심을 뜻한다. 또한 오직 주권자이신 하나님만이 지금까지 우리에게 은혜로 값없이 공급되어 오는 이 요소들의 기능과 목적을 부여하실 수 있음을 뜻한다.

그런데 하나님은 왜 낮, 밤, 하늘, 땅, 바다에 이름을 직접 붙이셨을까?

첫째, 아마도 다섯 가지 요소들의 중요성을 환기시키기 위해서일 것이다. 이들 없이는 자연 현상이나 생명 현상이 일어날 수 없다.

둘째, 오직 하나님만이 그것들의 본질을 규정할 수 있는 존재이며, 그들에 대한 주권을 가진 통치자이며, 지배권자임을 보이기 위해서 직접 이름을 붙이셨을 것이다.

하나님은 나무와 과실, 물고기나 새를 포함한 여러 동물들의 이름은 명명하지 않으시고 인간에게 그 지배권을 남겨 두셨다. 왜냐하면 인간은 식물을 경작하고 다스리며 동물을 사육하고 다스릴 수 있는 힘이 있기 때문이다.

그러나 인간은 낮과 밤의 순서를 변경시킬 힘이 없고, 기후와 땅과 바다를 통제할 힘도 없다. 지진, 화산, 조류, 해일, 쓰나미, 폭풍, 번개, 홍수 등 자연 현상은 하나님만이 이러한 것들의 유일한 주인이심을 인간에게 상기시키며 인간을 겸손하게 만들지 않는가? 과학이 발달한 지금도 자연의 섭리에 대항하기에 인간의 과학은 미미하다.

생명체가 살기에 적합한 다섯 가지 기본 환경 요소는 지구 외에 달이나 다른 천체에는 존재하지 않는다는 사실이 매우 흥미롭다. 그곳에는 지구와 같은 대기도, 바다도, 육지도, 우리와 같은 하루의 낮과 밤도 없다. 지구는 생명체가 살 수 있는 가장 최적의 크기를 가진 행성이다.

반면 달은 한 지점을 기준으로 보면 한 달 중 14일은 빛 속에 있고, 14일은 어둠 속에 있다. 온도는 125℃에서 -160℃까지 차이가 극심하다. 이와 같은 환경에서는 지구상 모든 생명체가 바짝 타거나 얼어 죽고 말 것이다.

지구에 생명체들이 살 수 있으려면 지구와 태양간의 거리, 태양과 은하계의 인력, 공전과 자전 속도, 대기 압력, 달의 적당한 크기와 지구와의 거리 등 조건들이 서로 완전히 일치하여야만 가능하다. 누군가가 정확하게 디자인하지 않으면 만들어질 수 없는 조건인 것이다.

식물을 종류대로 만드시다

첫째 날 이미 빛을 창조하였으므로 광합성을 하는 식물이 생존하는 데에는 과학적으로 문제가 없다. 생명체인 식물을 만드실 때, 채소와 열매 맺는 과목을 종류대로 만드신 것에 유의하자. 창세기 1장에서 '종류대로'라는 말이 무려 열 번이나 반복되는데, 제3일에 처음 등장하였다.

> [11] 하나님이 이르시되 땅은 풀과 씨 맺는 채소와 각기 종류대로 씨 가진 열매 맺는 나무를 내라 하시니 그대로 되어 [12] 땅이 풀과 각기 종류대로 씨 맺는 채소와 각기 종류대로 씨 가진 열매 맺는 나무를 내니 하나님이 보시기에 좋았더라(창 1:11-12)

여러 가지 아름다운 식물들을 내시고 하나님께서 좋아하셨다. '종류대로'는 진화론자의 주장에 정면으로 반박하는 내용이다. 진화론자는 수소원자에서 시작되어 무기물이 되고, 그들이 유기물로 진화되었고, 그 유기물이 축적되어 진한 콩국처럼 변해 버린 원시대양에서 한 생물이 출현했으며, 그 생물로부터 지금의 모든 종류들(kinds)이 유래했다고 주장한다.

히브리어 민(מין)은 우리말로는 종류, 영어로는 kind로 번역된다. 이는 현대 생물학의 종(species)과는 다른 개념이다(p. 69 '종류와 종은 같은 개념인가?' 참조). 진화론자들은 한 종류의 나무가 다른 종류로 변화되는 것조차 과학적으로 관찰한 적이 없다. 변화를 관찰하기에는 수천, 수만 년의 세월이 필요하다고 주장하기 때문이다. 그러나 그것은 변명에 지나지 않는다.

인간은 수천 년 동안 포도주를 즐겨 왔다. 포도와 관련된 옛이야기가 수없이 많을 정도다. 수백 가지 변종들이 있지만 포도는 여전히 포도다. 양배추와 순무를 교배시켜 콜라비(kohlrabi)를 만들었지만, 여전히 양배추과에 속하는 같은 종류의 채소인 것처럼 말이다. 그러나 인간이 완전히 새로운 종류를 만들어 낸 적은 없다.

현대 과학에서는 일반적으로 "광합성을 하여 이산화탄소를 흡수하고 산소를 방출하며 운동 기관이 없어 자유롭게 움직일 수 없는 생명체"를 식물이라고 정의한다.

대개 1년으로 생장이 멈추는 식물을 풀이라고 하고, 그중 먹을 수 있는 것을 채소라고 한다. 그리고 여러 해 살면서 부피 생장을 하는 식물을 나무라고 한다. 하나님은 씨 맺는 채소와 씨 가진 열매 맺는 나무를 모두 인간에게 먹을거리로 주셨고, 짐승과 새와 기는 동물에게는 푸른 풀을 먹을거리로 주셨다(창 1:29-30).

하나님께서 이 땅에 얼마나 많은 종류의 식물을 주셨는지 살펴보자. 식물이 씨나 열매 즉 과실을 맺으려면 꽃을 피워야 한다. 오늘날 지구상에는 약 20만 종의 꽃이 있다. 그중 가장 큰 것은 동남아의 열대우림에서 서식하는 라플레시아(rafflesia) 꽃으로 지름 1m에 무게가 6.8kg이나 된다. 가장 작은 것은 열대에서 냉온대까지 전 세계에 널리 서식하는 좀개구리밥 꽃으로 높이 0.05cm, 너비가 0.04cm에 불과하다. 또한 산, 초원, 사막, 해변, 습지 등 지역에 따라 피는 꽃의 종류가 다르고, 다른 식물들에게서 영양을 섭취하는 꽃이 있는가 하면 벌레를 잡아먹는 꽃도 있다. 장미과(family) 내에서도 수천 가지 변종이 있다. 이처럼 꽃의 종류가 다양하다.

세계적으로 나무는 2만여 종이 있는 것으로 알려졌다. 현존하는 가장 오래된 나무는 미국 캘리포니아 주의 브리슬콘(bristlecone) 소나무로 4,000~5,000년의 수명을 가지고 있다. 이는 거의 노아의 홍수 때까지 거슬러 올라간다. 세계에서 가장 큰 것으로 알려진 세쿼이아(sequoia) 나무는 그 너비가 20m에 달한다. 인도양 서부 세이셸 제도에서만 자라는 야자수의 일종인 코코 드 메르(Coco de Mer)는 세계에서 가장 큰 씨앗으로 유명한데, 그 무게가 22kg에 달한다.

아프리카 남동쪽 인도양에 있는 섬나라 마다가스카르에는 여행자의 나무라고 불리는 부채파초(Ravenala madagascariensis)가 있다. 잎자루 밑동에 약 0.5 *l*의 물을 저장할 수 있기 때문에, 옛날에 목마른 여행자들이 줄기에 구멍을 뚫어 물을 받아 마실 수 있었다고 한다. 나무는 인간과 동물에게 다양한 용도로 쓰이는데, 먹을거리가 될 뿐만 아니라 연료나 목재로 사용되기도 하고 종이로 만들어지거나 예술작품의 재료 또는 장식물이 되기도 한다.

매년 우리는 얼마나 많은 과실들을 즐기고 있는가! 과실은 우리 몸에 필요한 비타민과 미네랄을 공급하며 미각을 충족시켜 준다. 작은 면적의 한반도에서도 사과, 배, 포도, 버찌, 호두, 대추, 감, 복숭아, 오렌

라플라시아 / 좀개구리밥 꽃

브리슬콘 / 코코 드 메르

지, 귤 등 다양한 과실이 나고 있으며 전 세계적으로 셀 수 없이 많은 종류의 과실이 있다.

식물 생장에 필수적인 미생물로 본 생명의 기원

식물이 자라기 위해서는 땅이 필요하며, 미생물의 도움 없이는 생존할 수 없다. 진화론자들은 바다의 최초 생물은 현미경을 가지고 볼 수 있는 코아세르베이트(coacervate)에서 진화된 원시 미생물이었다고 주장한다. 코아세르베이트는 콜로이드 상태의 단백질, 핵산, 당류 등의 고 분자화합물들이 구형의 막으로 둘러싸여 형성된 작은 액체 방울을 가리킨다.

이러한 맥락에서 원시지구(proto earth) 상태에서 생존하였던 것으로 여겨진 고균(Archaea, 고세균(古細菌)이라고도 함)이 한때 주목받은 적이 있다. 이 미생물군은 매우 척박한 환경, 즉 100℃ 가량의 온천이나 심해 열수분출구 주위, 혹은 염도가 매우 높은 물 등에서 생존할 수 있기 때문에 원시 미생물이 진화한 증거로 여겨졌었다.

그런데 생화학 및 분자생물학적인 방법으로 유전자 구조를 분석해 보니, 분자유전학적으로 박테리아보다 고등한 진핵생물과 유사한 구조를 가지고 있어 진화론자들을 매우 당황하게 만들었다. 결국 미생물의 영역 분류 체계가 대폭 수정되는 결과를 초래했다. 생물학 분류 체계의 수정은 미생물에만 국한되지 않는다는 것은 매우 잘 알려진 사실이다. 아마도 진화론의 분류 체계는 계속 수정 및 변화를 거치게 될 것이다.

1864년 프랑스의 화학자이자 미생물학자인 루이 파스퇴르(Louis Pasteur)는 실험을 통하여 "생명은 오직 생명으로부터 나온다"는 생물속생설(biogenesis)을 증명하였다. '백조목 플라스크 실험'으로 알려진 이 실험은 가늘고 긴 관이 아래로 구부러졌다가 다시 위쪽 방향으로 향한 유리 플라스크의 백조의 목처럼 구부러진 지점에 내용물을 담아 두면 미생물의 유입을 막아서 플라스크 안의 내용물이 살균된 채로 유지될 수 있음을 증명함으로써 자연발생설을 반박했다.

무생물에서는 결코 생물이 나올 수 없다. 그러나 진화론은 무생물에서 생명체가 탄생하였다는 자연발생설(spontaneous generation)을 주장한다. 외과의가 수술할 때마다 도구들을 살균하는 이유는 그렇게 하면 박테리아가 상처에 닿지 않으리라는 일반적 진리를 신뢰하기 때문이다. 이러한 사실에도 불구하고 진화론자들은 수백만 년 전에는 상황이 달랐을 것이라고 주장한다. 그들은 기원전 5억 년쯤 우연히도 무생물에서 원시 미생물로 발생할 수 있었을 것이라고 상상한다. 진화론에 따르면 그 어떤 것도 생겨날 수 있다. 고양이가 강아지를 낳을 수도 있고, 공룡 알에서 갓난아기가 나올 수도 있는 것이다.

사람의 장기에 존재하는 세균인 대장균은 20분에 한 번씩 분열한다. 20분이 한 세대(generation)가 되는 것이다. 편의상 1시간을 미생물의 한 세대로 가정하자. 한 사람이 80년을 살았다면, 그 기간 동안 그의 장기에서 미생물은 70만 번 가량 분열했을 것이다. 즉 70만 세대가 지나갔다고 할 수 있다.

진화론은 인간이 400만 년에 걸쳐 유인원에서 사람으로 진화했다고 주장한다. 인간의 세대를 30년으로 가정하면 13만 세대가 지나간 것이다. 결론적으로 한 사람이 80년을 사는 동안 그의 장기 속 미생물은 유인원에서 인간으로 진화하는 13만 세대의 5배 이상 많은 세대를 보낸다고 할 수 있다. 인간의 몸속에는 대장균과 같은 미생물이 수천 년 동안 존재해 왔다. 수천 년 기간은 몸속에 있는 미생물이 다른 생명체로 진화하기에 너무나도 충분한 시간이 아닌가? 그러나 하나님이 경계를 지으신 종류를 뛰어넘는 현상은 결코 일어나지 않았으며, 앞으로도 일어나지 않을 것임을 확신한다.

현대 과학은 먼저 이론을 제시하고 그에 대한 반복적인 실험을 거듭하여 이론이 참됨을 증명해야 한다. 진화에도 같은 방법이 적용되어야 한다. 즉 반복적으로 관찰한 후에 그 이론이 참임을 증명해야 하는 것이다. 그러나 태초의 실험 조건을 모르는 상태에서 반복적인 실험을 할 수 없으므로, 결정적으로 인류 기원에 대한 어떠한 이론도 증명하지 못한다.

인체는 60~100조 개 정도의 세포로 이루어졌다. 그 속에 사는 미생물의 숫자는 대략 100조 이상으로 추정되는데 1천 조까지 이른다고 보는 과학자들도 있다. 미생물의 무게만 해도 약 2~3kg 정도로 알려져 있다. 최근 연구에 생체미생물의 군집이 인간의 건강에 매우 중요한 역할을 하는 것으로 알려졌다. 모유의 올리고당은 사람이 분해할 수 없으나, 뱃속의 미생물이 이를 분해하여 아기에게 영양분을 공급한다.

미생물이라고 하면 막연히 병균을 떠올리는데 이것은 오해다. 대부분의 미생물은 우리 몸에 해롭지 않다. 현재 얼마나 많은 종류의 미생물이 지구상에 존재하는지 아직 확실하게 알지 못한다. 100만 종이 훨씬 넘을 것이라고 추정되지만, 현재 인간이 발견한 미생물의 종은 그중 10%에도 미치지 못한다.

창세기에는 미생물에 대한 직접적인 언급이 없다. 노아의 홍수 후에 포도주와 관련된 이야기가 있는 것으로 봐서 미생물에 의한 발효를 짐작할 수 있다. 출애굽기와 신약에서 누룩, 즉 효모(yeast)에 대한 언급이 있다. 그러나 성경에 미생물에 대한 확실한 언급이 있었더라도 현미경이 발명된 17세기 전까지는 그 존재를 눈으로 확인할 수 없었을 것이다.

성경은 보이는 것과 보이지 않는 것에 대해 말하고 있다.

> 만물이 그에게서 창조되되 하늘과 땅에서 보이는 것들과 보이지 않는 것들과 혹은 왕권들이나 주권들이나 통치자들이나 권세들이나 만물이 다 그로 말미암고 그를 위하여 창조되었고(골 1:16)

> 우리가 주목하는 것은 보이는 것이 아니요 보이지 않는 것이니 보이는 것은 잠깐이요 보이지 않는 것은 영원함이라(고후 4:18)

미생물은 지구상에 현존하는 개체 중 가장 많은 수를 자랑한다. 사실상 미생물은 땅의 성질을 결정하는 보이지 않는 주인공이다. 제3일에 땅과 바다를 만드실 때 땅과 바다에 사는 미생물도 같이 만드셨을 것으로 생각된다. 어떠한 이유에서인지는 알 수 없으나 생명과는 관련이 없는 제2일에는 하나님이 보시기에 좋았더라는 구절이 없다. 생명체의 생존에 절대적으로 필요한 다섯 가지 기본 환경 요소가 아직 미완성되어 그랬을까? 땅과 바다를 만들고 나서 최초의 생명체인 미생물을 만들고 보시기에 좋았다고 하셨던 것인지도 모른다.

모든 에너지와 생명의 근원은 빛에 있다. 광합성을 하는 식물의 경이

로움을 생각해 보면 왜 하나님이 보시기에 좋았다고 하셨는지 이해할 수 있을 것 같다. 식물만 광합성을 할 수 있는 것은 아니다. 엽록체가 있는 일부 미생물이 광합성을 할 수 있으며, 오히려 광합성 미생물이 식물보다 더 많은 산소를 지구에 공급하고 있다. 식물과 광합성 미생물이 대기 중 이산화탄소와 태양에너지 및 수분을 이용하여 광합성으로 탄수화물을 만들고, 그 부산물로 산소를 대기에 배출한다. 이산화탄소와 태양에너지와 물은 모두 값없이 얻을 수 있는, 그러나 매우 값진 하나님의 은혜다. 이를 이용하여 많은 생명체들이 산소 호흡을 통해 생명을 유지하며, 호흡의 부산물로 이산화탄소를 대기에 배출한다. 배출된 이산화탄소를 이용하여 식물이 광합성을 함으로써 생태계의 선순환이 이루어진다. 이것은 신비한 생화학 반응으로서 말 그대로 상생 반응이다.

제3일, 푸른 지구에 생명의 역사가 시작되었으니 얼마나 큰 축복이며 기뻐할 일인가! 현재까지 광합성 관련 분야에서 노벨상 수상자가 20명 가량 배출되었지만, 아직까지도 광합성의 정확한 메커니즘은 아무도 모른다. 이를 알아낼 수만 있다면 광합성으로 식량 문제를 해결할 수 있을 것이다.

광합성과 같은 자연 현상이 오랜 시간 동안 우연에 의해서 이루어졌다고 생각하는가 아니면 정확히 설계된 결과라고 생각하는가?

종류와 종은
같은 개념인가?

진화생물학자들은 현존하는 모든 생명체는 공통의 원시 생명체에서 진화하였다고 주장한다. 뿐만 아니라 지금도 생명체는 진화 중이라고 생각한다. 그들은 한 종에서 다른 종으로 분화되는 현상이 관찰되고 있으며, 이것이 생명체가 진화하고 있다는 증거라고 주장한다.

생물학의 종(species)과 창세기의 종류(kind)는 과연 같은 개념인가? 결론부터 말하자면 "아니다."

종(species)은 스웨덴의 식물학자 칼 폰 린네(Carl von Linne)가 식물을 분류하면서 세운 이명식 명명법을 통해 도입된 개념이다. 서로 교배하여 새로운 개체를 생산해 낼 수 있느냐 없느냐를 가지고, 같은 종 혹은 다른 종으로 분류한다. 생물학은 한 생명체의 계통을 계(kingdom), 문(phylum), 강(class), 목(order), 과(family), 속(genus), 종으로 분류한다. 예를 들면, 인간은 학명상 호모 사피엔스(*Homo sapiens*)로 명명되었다. 계통을 다 쓰게 되면 너무 길어서 속과 종만으로 명명한 것이다. 실제로 인간은 동물계 척추동물문 포유강 영장목 사람과에 속해 있으며 속명이 호모, 종명이 사피엔스다.

반면에 창세기의 종류(kind)는 생명체를 분류한 용어로서 제3일에 하나님이 식물을 만드실(창 1:11) 때 처음 등장했다. 이것은 생물학적 분류인 종보다 더 넓은 개념이다. 생물학의 계통 분류와 비교한다면 아마도 과 또는 속 정도가 될 것이다.

현재 우리는 생명체의 변이를 관찰하고 있다. 미생물을 포함하여 확인된 180~200만 종이 넘는 생명체가 지구상에 존재하며 대부분이 미생물인 미확인 종까지 포함한다면 대략 700~1천만 종 정도가 존재하는 것으로 추정된다. 보수적으로 볼 때의 수치가 이러하며, 일부 진보적인 분류학자들은 1억 종까지 추산하기도 한다.

그런데 하나님이 그 1천만 종 이상을 모두 만드셨을까? 미생물, 식물을 제외한 동물들이 모두 노아의 방주 속으로 들어갔을까? 짐작컨대 과에 속하는 동물들이 방주 속에 들어갔을 것이다.

예를 들어, 노아의 방주 속에 한 종류의 개가 한 쌍 들어갔다. 노아의 홍수 후에 한 쌍의 개가 진돗개, 풍산개, 셰퍼드, 시베리안 허스키 등 다양한 품종으로 변이되었고, 늑대, 이리 등 개과에 속하는 다양한 아종이 출현했으리라고 볼 수 있다. 이것이 바로 생물학적 변이의 결과인 것이다. 그럼에도 불구하고 현재에도 하나님이 창조하신 개의 종류를 뛰어넘는 변화는 일어나기 힘들다.

진화론의 창시자 찰스 다윈 (Charles Darwin)은 비글(Beagle)호를 타고 남아메리카 대륙을 여행하면서 갈라파고스 군도에서 각 섬마다 조금씩 다른 여러 종의 멧새(finch)들이 서식하고 있음을 관찰했다. 이들은 모두 멧새임에

갈라파고스의 멧새

틀림이 없으나, 부리의 모양이 조금씩 다르고 깃털의 색깔도 약간씩 차이가 있었다. 서식지가 격리되어 서로 교미하지 않았으므로 생물학적으로는 다른 종으로 분류되었고, 이것이 진화의 증거라고 교과서에 설명되었다.

그러나 현대 생물학은 이 변이가 돌연변이, 즉 DNA 염기 서열의 변화가 아니라 염기의 특정 부위에 약간의 변이가 일어난 것임을 확인하였다. 유전학적 변이(genetic change)가 아닌 후성유전학적 변이(epigenetic change)인 것이다. 섬마다 먹이와 환경이 조금씩 달랐던 탓에 이러한 후

성유전학적 변이가 일어난 것으로 추정된다.

예를 들어, 일란성쌍둥이가 다른 환경에서 자라고 교육받았다면 DNA 염기서열에는 변화가 없으나, 염기의 특정 부위에 메틸화(methylation) 등의 후성유전학적 변이가 일어나 비슷하지만 다른 성격으로 성장할 수 있다는 것이다. 그러나 이러한 변이에는 분명히 한계가 있고, 하나님이 창조하신 종류를 뛰어넘는 거대한 변이는 불가능하다. 예레미야가 전하는 하나님의 말씀처럼 변이는 있을 수 있으나 분명한 한계가 있는 것이다.

> 여호와의 말씀이니라 너희가 나를 두려워하지 아니하느냐 내 앞에서 떨지 아니하겠느냐 내가 모래를 두어 바다의 한계를 삼되 그것으로 영원한 한계를 삼고 지나치지 못하게 하였으므로 파도가 거세게 이나 그것을 이기지 못하며 뛰노나 그것을 넘지 못하느니라(렘 5:22)

인간을 포함한 모든 생명체는 일정한 영역 혹은 한계 내에서만 자유롭고 다양한 생존이 가능하다. 물고기는 물 속에서만 자유롭다. 사람은 사람으로, 개는 개라는 종류 안에서, 멧새는 멧새라는 종류 안에서 후성유전학적 혹은 돌연변이와 같은 유전학적인 변이가 일어날 수 있다.

그러나 진화론자들은 이 사실을 종의 분화로 설정하며, 진화의 가장 확실한 현재진행적 증거라고 주장하고 있다. 이를 확대 해석하여 모든 생명체가 원시 생명체에서 오랜 시간을 거쳐 고등 생명체로 진화했다고 주장한다.

하지만 멧새는 멧새일 뿐, 오랜 시간이 지나도 하나님이 창조하신 종류를 뛰어넘는, 그 어떠한 생물학적인 변화도 일어나지 않았다. 작은 돌연변이는 관찰되고 있으나, 종류를 뛰어넘는 새로운 생명체를 탄생시켰다는 여타 과학적인 증거는 없다. 단지 오랜 시간이라는 변수에 희망을 걸고 있는 듯하다. 그러나 시간이 흐르면 어떻게 될 수 있을까? 진화론자들은 종류를 뛰어넘는 생물학적인 변이가 단번에 일어나는 것을 관찰할 수 있기를 바라지만, 그러한 변화는 결코 일어날 수 없음을 확신한다.

현미경 Talk 6

식물과 곤충의
협업

대개의 식물은 곤충의 도움을 받아 꽃가루받이를 한다. 곤충과 유생은 식물에서 먹이를 얻는다. 이렇게 식물과 곤충은 생존을 위해 협업한다. 다음의 두 예는 매우 흥미롭다.

유카식물과 유카나방

첫째, 북아메리카의 남부와 멕시코 등에는 약 30여 종의 유카식물이 자라고 있다. 유카식물은 오직 유카나방에 의해서 수분될 수 있다. 유카나방의 각 종은 유카식물의 각 종에 적응되어 있다. 유카나방 없이는 유카식물이 씨를 맺지 못하며, 유카의 종자 없이는 유카나방의 유생이 살아갈 수 없다. 이와 같이 유카식물과 유카나방은 상호 의존 관계를 맺고 있다.

둘째, 오스트레일리아 브리스번 부근 모레톤(Moreton) 섬의 무화과와 터키의 스미르나(Smyrna) 무화과는 나나니벌(Ammophila infesta)의 도움이 있어야만 수분이 가능하다. 무화과나무와 나나니벌이 서로 특화된 것이다. 미국의 하와이와 캘리포니아에서 이들 무화과를 재배하기 위해

시도했으나 나나니벌의 역할을 알기 전까지는 계속 실패만 거듭했다.

진화론에 따르면, 이들 곤충이 우연히도 특정 식물을 위해 정확한 때와 장소를 맞춰 동시에 출현하여 진화했다고 한다. 그러나 수학적으로도 그런 일이 일어날 확률은 거의 제로에 가깝다.

chapter 4

창조 제4일

넷째 날의 창조는 과학적으로 설명하기가 난해하다. 해, 달, 별과 같은 광명체를 만들어 그 빛이 궁창 즉 대기에 도달하여 지구를 비추게 하셨고, 낮과 밤을 주관케 하시며 빛과 어둠을 나뉘게 하셨다. 이들 광명체는 혈육 있는 생물의 생존을 위해 필요한 지구의 다섯 가지 기본 환경 요소 외에 반드시 필요한 광명체의 다섯 가지 역할을 가진다. 이로써 생명체의 보금자리를 위한 완벽한 환경이 조성되었다.

광명체가 시간에 실체를 만들어 주다

햇빛은 식물의 광합성을 통한 생장에 필수적 요소다. 그런데 하나님은 태양을 만들기 전에 이미 빛을 만드셨다. 우주에서 태양만 빛을 낼 수 있는 것은 아니다. 심지어 식물학자들은 햇빛이 닿지 않는 온실에서 인공조명 아래 식물을 키우며 연구하기도 한다.

> [14] 하나님이 이르시되 하늘의 궁창에 광명체들이 있어 낮과 밤을 나
> 뉘게 하고 그것들로 징조와 계절과 날과 해를 이루게 하라 [15] 또 광
> 명체들이 하늘의 궁창에 있어 땅을 비추라 하시니 그대로 되니라
> (창 1:14-15).

하나님은 왜 하늘의 궁창에 광명체를 두어 땅을 비추게 하셨을까?
광명체에 주야(day and night), 징조(signs), 계절(seasons), 날(days), 해(years)를
이루는 다섯 가지 역할을 부여하기 위해서였다. 즉 빛을 통하여 시간을
주야, 계절, 날과 해 등으로 나눌 수 있게 되었다.

광명체의 다섯 가지 역할을 각각 살펴보자.

첫째, 낮과 밤을 구분해 준다. 대체로 낮은 일하는 시간이요 밤은 휴
식하며 수면을 취하는 시간이다. 그러나 밤에 깨어 일하는 이들도 많
다. 그리고 열대지방을 여행할 때는 한낮보다는 서늘한 저녁 시간에 이
동하는 것이 더 수월하다.

대부분의 동물은 낮에 활동하지만 오소리, 부엉이, 박쥐 등 밤에만
활동하는 야행성 동물도 있다. 주행성 조류는 저녁이면 둥지로 날아들
지만 야행성 조류는 황혼녘에 둥지를 떠난다. 이처럼 주야의 구분은 단
순한 빛과 어둠의 나뉨이 아니라 생명체에게 저마다 생활권역을 구분
해 주는 중요한 역할을 한다.

둘째, 일식, 월식, 혜성, 유성 등 별들의 움직임이 징조를 보여 준다. 역사상 가장 유명한 일식 중 하나는 리디아와 메데가 전쟁을 벌이던 중에 있었던 개기일식이다. 그리스의 수학자 탈레스(Thales)가 예언한 대로 기원전 585년 5월 28일에 개기일식이 일어났고, 당시 전쟁 중이었던 리디아와 메데는 하늘의 징조를 보고 즉각 평화조약을 맺었다고 한다.

꼬리를 가진 별, 즉 혜성(彗星)은 위대한 인물의 죽음을 예견하는 등 나쁜 징조로 받아들여지곤 했다. 그러나 성경에 혜성이 암울한 징조를 나타낸다는 기록은 없다.

그렇다면 유성(流星)의 역할은 무엇일까? 하나님은 왜 하늘에 이런 방황하는 별들을 두셨는가? 유성은 계절이나 햇수를 나타내지 못한다.

별똥별이라고도 불리는 유성은 다양한 궤도와 속도로 운동하나 대기권으로 들어오기까지는 보이지 않는다. 대기와 충돌하면서 몇 초 만에 강렬한 빛을 내며 타 없어진다. 개중 사라지기 전에 땅에 도달한 운석들도 있다. 1908년 시베리아 퉁구스카에 초대형 운석이 떨어져서 30km 내 지역을 완전히 불태웠고, 나무 8천만 그루를 성냥개비처럼 쓰러트렸다. 수백 km나 떨어져 있던 사람들도 대낮에 폭발을 목격했을 정도였고, 80km 거리에서도 열기가 느껴졌다고 한다.

성경은 주님의 재림에 대한 경고로 해와 달과 별들의 징조를 보이기도 한다.

일월 성신에는 징조가 있겠고 땅에서는 민족들이 바다와 파도의 성난 소리로 인하여 혼란한 중에 곤고하리라(눅 21:25)

그러나 주의 날이 도둑같이 오리니 그 날에는 하늘이 큰 소리로 떠나가고 물질이 뜨거운 불에 풀어지고 땅과 그 중에 있는 모든 일이 드러나리로다(벧후 3:10)

셋째, 계절을 구분한다. 지구가 지축이 23.5° 기울어진 채 태양을 공전함으로써 사계절이 생긴다. 만약 지구가 곧추 선 채로 공전한다면 태양이 항상 적도 위에 있게 되므로 계절의 변화가 전혀 없게 된다. 그러면 경작과 주거에 적합한 지표 면적이 절반으로 감소될 것이다.

넷째, 날짜와 시간을 잴 수 있게 한다. 고대인은 시간에 관한 한 현대인보다 더 지혜로웠다. 수천 년 동안 인류는 달의 위상 변화로 달(month)이 얼마나 진행되었는지 시간 변화를 측정해 왔다. 음력 절기는 지금도 농사에 매우 유용하다. 또한 해시계로 시간을 측정했으며 별을 관찰함으로써 시간의 흐름을 파악하기도 했다.

별자리와 달력을 이용하면 자신이 있는 위치를 정확하게 알 수 있다. 북반구에 사는 사람들은 대개 북극성과 지극성(指極星, 큰곰자리의 α, β 두 별)을 식별할 줄 안다. 비행기 조종사들은 수천 년 동안 항해사들이 그러했던 것처럼 별들의 위치를 좌표 삼아 운항한다.

시간을 측정하는 또 하나의 유용한 방법은 조류(潮流)를 살피는 것이다. 달의 중력에 의해 매일 두 차례씩 큰 조류가 일어난다. 그러나 달이 지구 둘레를 매일 12°씩 옮겨 가므로 매일 48분씩 늦게 일어난다. 덕분에 바닷가에 사는 사람들은 해와 달을 볼 수 없을 때라도 조류를 보고 시간을 알 수 있다. 뿐만 아니라 해와 달의 상대적 위치 변화에 따라 매달 규칙적으로 조금과 사리가 일어난다. 만약 달이 지구에 지금보다 10% 정도 더 가까워진다면 강한 조류가 발생하여 대양이 육지를 완전히 쓸어버릴 것이다. 해와 달과 지구의 절묘한 거리는 하나님의 정교한 설계이자 세심한 배려다.

다섯째, 연도를 구분해 준다. 1년은 어떻게 구분되는가? 하나님이 보이지 않는 중력의 끈으로 지구가 태양 주변을 공전하지 않게 하셨다면, 낮과 밤과 월은 있었을 테지만 해(years)를 갖진 못했을 것이다.

그렇다면 1년이란 시간은 어떻게 측정하는가? 스톤헨지(Stonehenge, 영국 윌트셔 주 솔즈베리평원에 있는 고대 거석기념물)에 대한 조사에서 증명된 바와 같이 고대인들은 놀라운 천문학자들이었다. 그들은 동지와 하지를

스톤헨지

기준으로 시간을 측정했다. 하지까지 태양은 매일 조금씩 북쪽에서 뜨고 지다가 하지를 지나면 반대로 매일 조금씩 남쪽에서 뜨고 진다. 이것이 동지까지 계속되고 그 뒤로 다시 북쪽으로 이동하기 시작한다. 태

양이 방향을 바꾸는 동안 잠시 멈추어 있는 것처럼 보이다. 동지(winter solstice)와 하지(summer solstice)를 나타내는 솔스티스(solstice)는 라틴어 솔스티움(solstium)에서 기원하는데 태양을 뜻하는 솔(sol)과 멈춤을 의미하는 스티티움(-stitium)의 합성어다. 태양의 고도가 일정하게 멈춘다는 뜻이다. 이것이 태양력이며 365일 5시간 48분 46초다.

1년의 길이를 측정하는 두 번째 방법은 별을 이용하는 것이다. 별들의 위치는 매일 밤 조금씩 바뀐다. 그러다가 365일 6시간 9분 9.6초가 지나면 원래 위치로 정확하게 돌아온다. 이집트인들은 새벽녘에 나일강에 뜨는 가장 밝은 별인 시리우스로 1년을 측정했다. 이것을 항성년이라고 하는데 오늘날 정밀기기로 오차를 수정한다.

태양계 행성의 위치와 거리, 오묘한 하나님의 배려

광명체는 빛을 제공하는 매체를 가리킨다. 해, 달, 별의 광명체들이 주야, 징조, 계절, 날짜와 시간, 연도 등 다섯 가지 역할을 정립하였고, 생명체의 생존에 필수적인 요소가 되었다. 이것은 하나님의 배려이며 은혜다.

16 하나님이 두 큰 광명체를 만드사 큰 광명체로 낮을 주관하게 하시고 작은 광명체로 밤을 주관하게 하시며 또 별들을 만드시고 17 하나님이 그것들을 하늘의 궁창에 두어 땅을 비추게 하시며 18 낮과 밤을

주관하게 하시고 빛과 어둠을 나뉘게 하시니 하나님이 보시기에 좋았더라(창 1:16-18)

낮을 주관하는 큰 광명체, 즉 해는 발광체이고, 밤을 주관하는 작은 광명체, 즉 달은 반사체다. 햇빛을 반사하는 달을 성경은 '궁창의 확실한 증인'(시 89:37)으로 표현한다. 실제로 달에 착륙했던 우주비행사들은 달의 표면이 반사하기에 아주 적합한 유리 같은 모래로 덮여 있음을 발견했다.

해와 달에 역할을 부여함으로 지구는 지금과 같이 맑은 푸른 하늘이 있는 낮과 총총히 빛나는 달과 별이 있는 밤을 갖게 되었다.

일부 학자는 하나님이 지구를 먼저 만들고, 그다음에 해와 달과 별들을 만드셨다고 주장하는데 이를 반박할 만한 확실한 과학적 증거를 제시하기는 쉽지 않은 것 같다.

해와 달과 별들에 의한 낮과 밤의 구별이 현대 도시인들에겐 그다지 큰 의미가 없을 수도 있다. 하지만 생명체의 생애주기에는 대단히 중요한 의미가 있다. 하나님은 모든 생명체 안에 생물시계(biological clock)를 심어 놓으셨다. 생물학 용어로 생체리듬(biorhythm) 또는 활동일주기(circadian rhythm)라고 부른다. 우리 신체는 사는 내내 24시간의 활동일주기를 따른다.

하나님은 지구가 돌게 하시고, 또 우주에 고정점을 두어 행성들이 그것에 맞추어 돌게 하심으로써 지금의 시간이 있게 하셨다. 만약 해와 달을 통한 '간섭하심'이 없었다면, 시간에 맞춰 계획적으로 삶을 영위하는 일은 불가능했을 것이다.

저녁이 되고 아침이 되니 이는 넷째 날이니라(창 1:19)

제4일에 이르러서야 지구를 포함한 태양계의 행성 간 관계가 비로소 정립되었다. 해와 달과 별들이 빛의 제공자로서의 역할과 위상을 정립했는데, 이로써 지구가 혈육 있는 생명체를 품을 수 있는 환경이 완벽하게 갖춰졌다.

태양계 행성의 각 위치와 서로 간의 거리에 얼마나 오묘한 하나님의 배려가 숨어 있는지 모른다. 지구가 태양계 세 번째 위치라는 것과 태양으로부터의 거리는 그야말로 절묘하다. 두 번째 행성인 금성의 기온은 평균 460℃이고, 2006년 명왕성이 태양계에서 제외되면서 마지막 행성이 된 해왕성의 기온은 −214℃이다. 닭이 금성에 가면 통닭구이가 될 것이고, 해왕성에 가면 냉동닭이 되고 말 것이다.

지구 외 다른 곳에 생명이 존재할 가능성은 희박하다. 2003년 유럽우주기구(ESA)가 발사에 성공한 유럽의 첫 화성탐사선 마스 익스프레스(Mars Express)가 화성에서 얼음을 발견한 데 이어, 미국 항공우주국(NASA)의 쌍둥이 무인탐사로봇 스피리트(Spirit)와 오퍼튜니티(Opportunity)가 물 흔적이 담긴 사진을 지구로 전송해 왔다. 이에 따라 과학자들은 과거 화성에 생명체가 있었을 가능성이 높다고 분석했지만, 가능성일 뿐 화성에서 우리와 같은 생명체를 만나게 되리라는 강력한 믿음을 가진 사람이 얼마나 될까?

과학은 지구가 더 이상 우주의 지리적 중심이 아니라 우주 어딘가에 지구처럼 생물이 존재할 만한 행성이 있을 것이라고도 주장한다.

그러나 이와 관련하여 다음의 사실들을 유념할 필요가 있다.

첫째, 하나님이 지구 외에 또 다른 별을 창조하시지 않은 이상 생명이 존재하는 별이 있을 수 없다. 설혹 있을지라도 그것이 성경에 기술된 사실들을 반박하지 못한다.

둘째, '중심'이란 지리적 위치로만 가늠되지 않는다. 예를 들어, 경주시는 신라 왕국의 지리적 중심지가 아니었고, 로마 또한 로마제국의 지리적 중심지가 아니었다. 대한민국은 지리적으로나 정치적으로도 세계의 중심이 아니다. 하지만 우리 국민에게는 심정적으로 가장 중요한 중심이다. 그래서 세계지도를 만들 때 우리나라를 중앙에 두는 것이다.

셋째, 푸른 별 지구가 특별하고 중요한 이유는 하나님의 아들이 지구인을 위하여 이곳에서 태어났고 그의 생명을 내어 주셨기 때문이다.

넷째, 하나님은 한 사람의 영혼 구원에 관심을 가지신다. 따라서 개개인이 바로 세계의 중심이다.

성경은 지구에 살고 있는 인간을 향한 하나님의 말씀이다. 따라서 지구는 우주의 중심이며 인간은 세계의 중심이다.

해는 언제 만들어졌을까?
첫째 날 아니면 넷째 날?

많은 과학자들이 지구보다 태양이 먼저 존재했을 것이라고 믿고 있지만 그것을 증명할 길은 없다. 아이작 뉴턴(Isaac Newton)은 케플러 (Kepler)가 관찰을 통해 찾은 태양계 행성의 운동법칙을 만유인력을 통해 설명하였다. 그는 현재 보이는 그대로 하나님이 태양계를 만드셨다고 믿었다.

태양의 창조 시점에 대해 두 가지 해석이 존재한다. 하나는 성경에 명시된 대로 제4일에 해와 달과 별들이 만들어졌다는 것이다. 전통적인 신앙인들과 많은 신학자들이 간단명료한 이 해석을 선호한다.

또 다른 하나는 태양계를 비롯한 전 우주가 제1일에 창조되었다는 것으로 칼뱅(Calvin)을 비롯한 신학자들과 과학자들이 선호하는 해석이다. 첫째 날 "빛이 있으라"는 말씀에 빛이 있었다는 것을 증거로 제시한다.

그렇다면 제4일에 하늘의 궁창에 광명체들이 있게 하셨다는 것은 무슨 뜻인가? 제1일에 창조된 빛은 히브리어로 오르(אֹר)이다. 이 빛은 에너지라고 할 수 있다. 제4일에 등장하는 광명은 히브리어로 마오르(מָאוֹר)인데, 빛을 내거나 가진 물질, 즉 빛의 근원을 의미한다. 과학적으로는 광자(photon)로 해석할 수 있겠다. 하나님은 이것들이 궁창에 도달하게 하신 것이다.

　우주를 지탱하는 힘은 중력이다. 실제로 지구의 자전과 공전에 달과 태양의 중력이 영향을 미친다. 우주에 태양계와 같은 은하계가 수없이 존재한다. 행성 간 중력의 작용으로 은하계가 안정 상태를 유지한다.

　넷째 날, 궁창에 광명체들의 빛이 지금과 같이 제대로 도달함으로써 태양계 및 우주의 질서가 잡히고 그 역할이 확립되었다. 이 해석에 의하면, 아마도 제3일까지는 태양계가 구성되는 단계여서 지구의 혼돈한 궁창 위 물층 때문에 빛이 지금처럼 제대로 제공되지 못하였거나, 지구의 궁창에 현재와 같은 모든 빛들이 정확히 도달하지 않았을 수도 있다. 게다가 주야와 계절과 날과 해는 태양계 행성들의 공전 및 자전의 궤도가 정립되고 빛이 지구에 도달해야 가능한 일이다.

　제4일에야 비로소 태양계 행성 간에 발광체와 반사체의 역할 및 관계가 정립되어 맑은 궁창 위로 나타났을 것이다. 즉 제1일에 해와 달과 별들이 이미 만들어져 하늘에 존재했으나 제4일에 이르러서야 그 빛들이 지금과 같은 형태로 하늘을 비추었다고 할 수 있다.

　수백 광년 떨어진 별들의 빛이 오늘에야 지구의 궁창에 나타나는 것을 예로 들 수 있다. 선지자 이사야는 하나님이 '땅의 기초를 창조하시고, 하늘을 차일같이 펴셨으며 거주할 천막같이 치셨다'(사 40:21-22)고 기록했다. 또한 하나님의 "손이 땅의 기초를 정하였고 내 오른손이 하늘을 폈나니 내가 그들을 부르면 그것들이 일제히 서느니라"(사 48:13)고 선포했다.

성경은 하나님이 제4일에 광명체들을 궁창에 있게 하셨다고 기록할 뿐, 그 창조 시점을 정확히 밝히고 있지는 않다. 그것은 오직 하나님만이 아신다.

성경이 말하는
우주 창조

성경은 우주와 지구의 창조에 대하여 놀랄 만큼 탁월한 이야기를 다음과 같이 들려준다.

첫째, 태양계 행성 간에 만유인력이 존재함을 보여 주었다.

> 그는 북쪽을 허공에 펴시며 땅을 아무것도 없는 곳에 매다시며
>
> (욥 26:7)

고대 인도인의 우주관

위의 말씀은 기원전 300년경 고대 천문학자들도 상상할 수 없는 개념이었다. 그런데 그것보다 훨씬 앞선 기원전 2000년경에 쓰인 욥기에 이 같은 과학적 진리가 기록되어 있다.

똬리를 튼 뱀 위에 거북이 있고, 거북 위에 코끼리가 등으로 땅을 받치고 있다고 믿은 인도 힌두교의 우주관과 얼마나 대조적인가!

둘째, 관측 가능한 거리 너머에 셀 수 없이 많은 별들이 있음을 밝혔다.

하늘의 만상은 셀 수 없으며 바다의 모래는 측량할 수 없나니 내가 그와 같이 내 종 다윗의 자손과 나를 섬기는 레위인을 번성하게 하리라 하시니라(렘 33:22)

예레미야가 살던 기원전 600년경에는 오직 육안으로만 별들을 관측할 수 있었다. 청명한 밤에 보면 기껏해야 3,000여 개 정도를 볼 수 있었을 뿐이다. 기원후 1610년경 갈릴레오가 망원경으로 우주 너머에 펼쳐 있는 수많은 별들을 바라봤다. 21세기에 들어서서 허블우주망원경으로 정밀 관측하자 별이 전 세계 해변의 모래알만큼이나 많음을 알게 되었다. 하늘 저 너머에 엄청나게 많은 별 무리가 있음을 갈릴레오가 망원경으로 확인하기 약 2,200년 전에 이미 성경이 기록하고 있었던 것이다.

셋째, 하늘이 천막처럼 펼쳐져 있다고 묘사했다.

그는 땅 위 궁창에 앉으시나니 땅에 사는 사람들은 메뚜기 같으니라

그가 하늘을 차일같이 펴셨으며 거주할 천막같이 치셨고(사 40:22)

이사야가 살던 당시(기원전 700년경)에는 하늘을 판처럼 단단한 구조로 여겼다. 그런데 이사야는 하늘을 천막에 비유했다. 하나님이 땅 위 하늘에 물이 존재하는 천막을 펼치셔서 너무 덥지도 않고 너무 춥지도 않은, 생명체가 살기에 적당한 온도를 유지할 수 있게 하셨다. 얼마나 절묘한가.

하나님은 하늘 천막을 완벽하게 디자인하셨다. 그 증거로 세 가지를 들 수 있다. 첫째, 태양에서 지구의 거리가 생명체가 살기에 가장 적합한 온도만큼 떨어져 있다. 만약 지구의 평균 기온이 2~3℃ 오른다면 극지방의 얼음이 녹아 해수면이 최대 3m 정도 상승할 것이고, 해안가 도시들은 물에 잠기게 될 것이다. 둘째, 지구의 크기가 10%만 크거나 작았더라면 생명체가 살 수 없었을 것이다. 셋째, 지표면에서 10~50km 높이의 성층권에 있는 오존층이 태양의 X선, 자외선 등 인체에 유해한 광선들을 차단해 주고 있다.

현미경 Talk 9

실제 나이와 겉보기 나이:
닭이 먼저냐, 달걀이 먼저냐?

   닭이 먼저인지, 달걀이 먼저인지 생각해 본 적이 있는가? 이에 대해 우리는 정확한 답을 가지고 있다. 물론 닭이 먼저다. 여기서 우리는 성경적 연대기가 말하는 실제 나이(real age)와 과학이 말하는 겉보기 나이(apparent age)의 차이점을 생각해 보자.

   새들은 완전히 자란 생명체로 창조되었고, 복을 받았으며, 번성하고 충만하라는 명령을 받았다. 아담과 하와도 완전한 성인의 모습으로 창조되었다. 즉 아담과 하와의 진짜 나이는 한 살이었지만, 겉보기 나이는 20대였을 것으로 추측된다. 예수님은 오병이어의 기적(요 6:9-13)을 베푸실 때 밀가루에서 빵을 만든 것이 아니라 완전한 빵을 공급하셨다. 의외로 많은 사람들이 오병이어의 사건은 믿지만 천지창조의 사건은 믿지 못하는 경우가 많다. 지금도 새로운 별들이 하늘에 나타나고 있다. 우주가 수백 억년 전에 만들어져 그 빛이 지구에 지금 도달하는 것인지 아니면 우주가 실제 나이는 그리 많지 않으나 겉보기 나이가 많은 것인지의 문제도 이 범주에 속한다 하겠다.

창조 제5일

창조가 시작된 지 다섯째 날, 산소호흡을 하는 혈육 있는 생물들이 살아갈 수 있는 환경이 마련되었다. 완벽하게 준비된 지구상에 하나님이 바다동물과 날짐승을 그 종류대로 창조하시고, "생육하고 번성하여 바다와 땅에 충만하라"고 축복하셨다.

살아있는 화석, 종류대로 창조하셨다는 증거

[20] 하나님이 이르시되 물들은 생물을 번성하게 하라 땅 위 하늘의 궁창에는 새가 날으라 하시고 [21] 하나님이 큰 바다 짐승들과 물에서 번성하여 움직이는 모든 생물을 그 종류대로, 날개 있는 모든 새를 그 종류대로 창조하시니 하나님이 보시기에 좋았더라(창 1:20-21)

생물이 창조되었다. 창세기에서 첫 등장한 '생물'은 히브리어로 네페쉬 하야(נֶפֶשׁ חַיָּה)이다. 제1일에 천지를 창조할 때 쓰였던 '창조'라는 뜻의 히브리어 바라(בָּרָא)가 여기서 두 번째로 등장한다. 하나님은 생물을 창조하시니 보시기에 좋았다고 말씀하셨다(p.102 '생명의 성경적 정의와 피' 참조).

성경은 이날 하나님이 바다와 물에 사는 모든 생물을 그 종류대로 창조하셨다고 기록하고 있다. 다음 자료를 보면 물에 사는 생물의 종류가 얼마나 다양한지 알 수 있다.

척추동물 어류	약 31,000종
강장동물(해파리, 말미잘, 산호 등)	약 9,000종
극피동물(불가사리, 성게 등)	약 9,000종
연체동물(조개, 달팽이, 오징어 등) 현생종	약 112,000종
화석종	약 35,000종

연체동물은 0.86mm 모래알만한 크기의 달팽이로부터 15m 길이의 대왕오징어까지 그 크기가 다양하다. 14g 대합조개에서 225kg 대왕조개까지 무게도 다양하다.

어류 중에 가장 작은 것은 길이 8.7mm, 무게 4~5mg의 피그미 문절망둑(*Pandaka pygmaea*)으로 필리핀 바다에서 서식하고 있다. 반면에 가장 큰 것은 길이 12~18m의 고래상어(whale shark)로 무게가 2.4~6t인 아프리카 코끼리보다 두 배가 넘는 15~20t이나 된다.

진화론자들은 이렇게 다양한 생물 종이 원생동물에서 진화했다고 주장한다. 그러나 고생대 캄브리아기 암석을 보면 척추동물을 제외한 경골어류, 연체동물, 절지동물 등 모든 동물군이 갑자기 출현한 것을 알 수 있다. 이것은 수많은 바다 생물이 순간적으로 한꺼번에 창조되었다는 성경의 기록을 뒷받침하는 증거다.

네오필리나(Neopilina,고생대 캄브리아기에서 데본기에 걸쳐 번성했다고 알려진 연체동물)는 중생대인 2억 2천5백만 년 전에 멸종되었다고 가정되었으나 1952년 코스타리카 연안 심해에서 살아있는 채로 처음 채집된 후 멕시코 만과 페루 만 사이, 홍해의 아덴 만 등 수심 3,000~4,000m 사이의 심해에서 종종 발견되고 있다.

또 다른 살아있는 화석 실러캔스(coelacanth)의 사정도 비슷하다. 3억 5천만 년 전에 나타나 5천만 년 전에 절멸한 것으로 알려졌지만 1938년 남아프리카공화국 코모도 섬 근해에서 산 채로 포획되어 세상을 놀라게 했다. 진화론의 연대가 사실이라면 무려 3억 5천만 년 동안 변하지 않고 고생대 때 모습을 그대로 간직한 것이다. 실러캔스의 등장은 진화론을 무색하게 만들었다.

한편 조류는 어떠한가? 칠면조보다 큰 덩치의 날지 못하는 도도새(dodo bird)는 17세기 말에 멸종되었지만, 타조는 지금까지 살아 있다. 그렇다고 도도새가 타조의 조상이라고 말할 수는 없다. 왜냐하면 500년 전만 해도 도도새와 타조가 함께 살았기 때문이다.

사수어라 불리는 물총고기 (archerfish)는 물 밖 나뭇잎에 앉은 곤충을 강한 물줄기를 쏘아 잡는다. 어떻게 이런 일이 가능한가? 물속에서 빛의 굴절을 본능적으로 계산하기 때문임을 알 수 있다. 수중음향의 발신과 수신이 발달되어 있어서 이것을 이용하여 서로 의사소통을 하는 것으로 알려진 돌고래, 650~850V의 전기를 방출할 수 있는 전기뱀장어 등 수백 가지 특이한 동물들에 대해 진화론은 아무 설명도 하지 못한다.

실러캔스

위 사실을 종합해 볼 때, 생물은 종류대로 창조되어서 지금까지도 각각의 종류를 유지해 오고 있다고 봐야 옳을 것이다.

진화론이 대답하기 힘든 질문들

하나님은 다섯째 날에 창조하신 생물들을 보고 좋아하실 뿐만 아니라 그들에게 복까지 주셨다.

> 22 하나님이 그들에게 복을 주시며 이르시되 생육하고 번성하여 여러 바닷물에 충만하라 새들도 땅에 번성하라 하시니라 23 저녁이 되고 아침이 되니 이는 다섯째 날이니라(창 1:22–23)

여기서 처음으로 '복'이 등장한다. 바다생물과 새들에게 '생육, 번성, 충만'이라는 세 가지 복을 주신 것이다.

새(birds)로 번역된 히브리어 오프(עוֹף)는 우리말의 날짐승에 해당된다. 따라서 새 이외에도 날 수 있는 동물들, 즉 절지동물 중에 곤충, 포유류 중에 박쥐, 또는 하늘을 나는 파충류 익룡 등 온갖 날짐승들을 포함할 수 있을 것이다.

날짐승들의 화석에 대해 생각해 보자. 진화는 곤충의 화석이 현재의 모습과 별반 다르지 않다는 사실에 대하여 그 이유를 명쾌하게 설명하지 못하고 있다. 예를 들어, 바퀴벌레는 3억 년 전 화석이나 지금이나 모습이 똑같다. 그것은 왜 더 나은 것으로 진화되지 않았는가?

게다가 날짐승들 중에서 어느 한 종이라도 날지 못하는 것에서 진화했다는 증거를 찾지 못했다. 그럼에도 불구하고 진화론자들은 "새들이 파충류에서 나왔다"고 주장한다. 이 주장에 대해 다음의 의문들을 제시해 보지만 아무런 답을 내지 못하고 있다.

"비늘이 어떻게 깃털로 변하였는가?"

"냉혈동물이 어떻게 항온동물이 되었는가?"

"사지가 어떻게 두 다리로 변해 갔는가?"

"파충류의 단단하고 치밀한 뼈 구조가 어떻게 조류의 가볍고 엉성한 구조로 변화되었는가?"

"파충류가 어떻게 날게 되었는가?"

겉보기에 비행기의 기본 구조가 자동차와 비슷해 보일지 몰라도, 자동차와는 완전히 다르게 그리고 매우 특수하게 고안되어야 함은 상식적으로도 알 수 있다. 미국의 라이트 형제(Wright brothers)가 자동차와는 전혀 다른 체계로 가벼운 석유 엔진을 비롯한 많은 부품들을 고안해 낸 결과, 1903년 공기보다 무겁지만 하늘을 날 수 있는 기계를 만들어 낼 수 있었다.

새들은 땅에서 움직이는 동물들과는 완전히 다른 형태, 즉 비행을 위한 구조로 만들어졌음에 틀림없다. 실제로 조류의 뼈는 속이 거의 비어 있다고 해도 무방하다. 파충류나 포유류는 뼛속 골수에서 면역 세포를 만들어 내느라 뼈 조직이 치밀하고 무겁다. 그런데 조류는 파브리시우스낭(bursa of fabricius)이라는 별도의 면역세포생성기관을 가지고 있어서 뼈를 가볍게 유지할 수 있다. 이것을 진화론적으로 어떻게 설명할 것인가?

가장 오래된 조류 화석으로 알려진 시조새(archaeopteryx)는 '파충류와 조류의 중간 단계'로 여겨지고 있다. 그러나 실제로는 전이적 특성을 전혀 알 수 없다. 날개 끝에 발톱이 달린 세 개의 발가락이 있어서 파충류가 조류로 진화하는 단계라고 주장하면서도 아무것도 증명하지 못하고 있다.

남아메리카 아마존 강 유역에서만 서식하는 호아친(hoatzin)은 새끼 때 날개 끝에 발톱이 둘이나 나고, 박쥐는 유일하게 날개가 달린 포유류로 시조새처럼 날개 끝에 발가락이 달려 있다.

진화론자들이 답하기 어려운 신비로운 피조물들이 많다. 몇 가지 예를 들어 보겠다. 첫째, 남아시아에 서식하는 재봉새(common tailorbird)는 나뭇잎과 나뭇가지를 엮어서 깊은 실린더 형태의 둥지를 짓는다. 이렇게 독특한 형태의 둥지를 짓는 기술을 어떻게 습득했을까?

둘째, 바다오리(common murre)는 해안가 암초나 암벽 위에 알을 낳고 집단 번식하는데, 알의 모양이 바위에 잘 들어맞아 세찬 바람에 회전하기는 해도 굴러 떨어지지는 않는다. 어떻게 하면 바위 모양에 특화된 알을 낳을 수 있도록 진화한단 말인가?

셋째, 황제펭귄(emperor penguin)은 지구상에 생존하는 모든 펭귄들 중에서 가장 키가 크고 체중이 많이 나가는 종으로 남극에만 서식한다. 남극의 겨울 동안 알을 낳는 유일한 종으로 50~120km를 걸어서 새끼 낳는 장소로 이동한다. 암컷이 알을 낳고 바다로 돌아가서 먹이를 충분히 먹고 돌아올 때까지 수컷이 발 위에 있는 주머니에 알을 넣고 품는다. 알을 품고 있는 2~4개월 동안 수분 섭취를 위해 눈을 먹는 것 말고는 아무것도 먹지 않는다. 수컷 펭귄은 부화한 새끼에게는 자기 위 속에 있는 소화된 먹이를 토해서 먹인다. 새끼가 부화한 지 열흘 정도 지나면 암컷이 돌아와 같은 방식으로 먹이를 주고, 이후로 수컷과 암컷은 번갈아 가며 바다로 나가 먹이를 비축해 돌아온다. 일련의 과정을 정확하게 수행하지 못한다면 혹독한 추위 속에 살아남을 새끼가 없을 것이다. 이토록 정교한 모성애와 부성애가 과연 진화로 얻어진 것일까?

넷째, 바다거북(green turtle)은 황제펭귄과 달리 새끼들을 전혀 돌보지 않고 관심조차 없다. 어미가 모래 해변에 구멍을 파고 100~200개의 알을 낳은 후 바다로 돌아가고 나면 부화한 새끼들이 알아서 바다를 찾아 들어간다. 바다거북은 어떻게 태양이 새끼들을 부화시켜 줄지 알았을까? 애초부터 그렇게 설계되었기 때문 아닐까?

다섯째, 도요새의 일종인 아메리카황금물떼새(golden plover)는 알래스카와 하와이를 오가는 철새다. 나침반도 없이 알래스카 서부에서 남쪽으로 태평양의 망망대해를 곧바로 날아 3,300km 거리를 시속 94km로 무착륙 비행하여 35시간 만에 하와이에 도착한다. 매년 수백 종의 새들이 정확한 때에 정확한 장소까지 수만 리를 이동한다. 대체 무엇이 새들로 하여금 이렇게 날아가게 만드는가?

어떤 과학자들은 펭귄이 과거 어느 땐가 하늘을 날았던 적이 있다고 믿는다. 어떻게 해서 나는 능력을 상실했는지는 알 수 없다. 이 믿음을 지지해 줄 화석도 하나 존재하지 않는다.

딱따구리는 유독 긴 혀를 가진 것으로 유명하다. 뇌진탕이 방지되게 설계된 두개골을 감쌀 정도로 혀가 길어서 나무 구멍 속에 있는 곤충이나 애벌레를 잡아먹기에 유리하다. 긴 혀를 가졌다고 해서 딱따구리가 조류와 개미핥기의 중간 단계라고 말할 수 있을까?

또 오징어는 시신경이 망막 뒤에 위치한 덕분에 인간과 달리 맹점(blind spot)이 없다. 카메라로 치면 인간보다 더 사양이 좋다고 할 수 있는데, 그렇다면 인간보다 오징어가 더 진화했다는 얘기인가?

생물 분류 체계상 같은 참새목(passerine)이어도 참샛과, 종다릿과, 제빗과, 여샛과, 딱샛과, 박샛과, 동박샛과, 까마귓과 등은 닮은 듯 서로 닮지 않아 보이는데, 번식은 각 과에 속한 종 내에서만 이루어진다.

이처럼 진화론자들이 대답할 수 없는 문제들이 많다. 게다가 분자생물학과 생화학의 발달로 분자 수준의 연구가 진행됨에 따라 생물분류학은 재검토가 필요하게 되었다. 따라서 생물의 분류는 향후 계속해서 변동될 가능성이 무척 높다.

자연에 대한 가장 분별력 있는 대답은 하나님이 다양한 동물들을 각각의 환경에 가장 적합하게 창조하셨으며, 각각은 생존과 번식을 위하여 정확한 때에 정확한 일을 하도록 본능을 부여받았다는 것이다.

현미경 Talk 10

늑대가 수영을 하면
고래가 된다?

바다에 사는 포유류 중에서 덩치가 가장 큰 고래(whale)는 중량이 108~150t에 달한다. 외형은 어류와 비슷하나 폐로 호흡하며, 새끼가 자궁에서 자라고 배꼽과 젖꼭지가 있는 등 포유류의 특징을 드러낸다.

고래, 돌고래, 듀공(dugong), 물범, 물개, 바다사자, 바다코끼리, 해달, 바다표범 등 바다에 사는 포유류의 종류는 매우 다양하며 생김새도 서로 다르다. 각 종들은 각각의 특수한 바다 환경에 완전히 적응되어 있다.

예를 들어, 고래 새끼의 주둥이는 어미의 몸에 잘 맞게 되어 있어서 바닷물이 젖과 섞이지 않는다. 또 식도는 기도 위에까지 길게 나 있어서 젖이 폐 속으로 들어가지 않는다. 이러한 구조가 점진적인 변화에 의해 만들어졌다고 볼 수는 없다.

진화론자들은 고래가 육지 동물에서 진화하여 물가에서 살다가 바다로 옮겨 간 것으로 본다. 그 과정에서 뒷다리가 퇴화하여 골반이 흔적만 남았다고 주장한다. 게다가 육지를 보행하던 시절에는 몸체가 개나 고양이 정도로 작았을 것으로 추정하며 늑대처럼 생긴 메소니키드(Mesonychids)를 고래의 조상으로 보고 있다. 그러나 육지에서 바다로 이사하며 생긴 전이 과정을 설명해 주는 화석은 발견된 적이 없다. 그런데도 고래가 늑대로부터 진화했다고 주장할 수 있을까?

생명의 성경적 정의와
피

성경에서 말하는 생명체 혹은 생물이란 무엇인가? 다른 생명체, 즉 미생물이나 식물과 대비되는 조류, 어류, 포유류 등 혈육 있는 동물의 차이는 무엇인가?

제5일에 하나님은 "물들은 생물을 번성하게 하라 땅 위 하늘의 궁창에는 새가 날으라"(창 1:20)고 말씀하시며 "복을 주시며 이르시되 생육하고 번성하여 여러 바닷물에 충만하라 새들도 땅에 번성하라"(창 1:22)고 말씀하셨다.

그런데 제3일에 "땅은 풀과 씨 맺는 채소와 각기 종류대로 씨 가진 열매 맺는 나무를 내라"(창 1:11)고 말씀하실 때는 '생물'이란 단어를 쓰지 않으셨다. 왜일까? 그 이유는 생명의 성경적 정의는 '피'의 유무에 달려 있기 때문이다

그러나 고기를 그 생명 되는 피째 먹지 말 것이니라(창 9:4)

육체의 생명은 피에 있음이라 내가 이 피를 너희에게 주어 제단에 뿌려 너희의 생명을 위하여 속죄하게 하였나니 생명이 피에 있으므

로 피가 죄를 속하느니라(레 17:11)

몸속에 피가 흐르는 동물은 의식, 정신, 감각, 인지, 지각 능력 등과 같은 혼을 가지고 있다. 성경은 혈육 있는 생물을 생명체로 간주한다. 노아의 방주에 탄 동물들도 혈육 있는 생물들이었다. 구약시대에는 동물의 피를 흘림으로써 죄를 씻는 제사를 드렸다. 그렇다고 식물이나 미생물, 그 외 하등동물들이 생명체가 아니라는 이야기가 결코 아니다. 물론 이 생명체들도 모두 하나님의 피조물임에는 의심의 여지가 없다.

다만 여기서 말하고자 하는 바는, 하나님이 짐승을 흙으로 빚어 만들 때에 피를 흐르게 하셨으며, 혼을 창조하여 넣어 주시고 생육하고 번성하라고 복을 주심으로써 다른 피조물들과 차원이 다른 복을 주며 구별하셨다는 것이다.

chapter 6

창조 제6일

태초 여섯째 날, 하나님이 가축과 땅의 짐승을 종류대로 창조하셨다. 특히 하나님의 형상대로 사람을 창조하시고, 생육하고 번성하여 땅에 충만하라는 복을 주시며 땅을 정복하고 온갖 생물을 다스리라고 하셨다. 사람에게는 온 땅의 모든 채소와 열매가 먹을거리로 주어졌다.

사람을 만듦으로써 창조를 마무리하신 하나님은 지으신 모든 것을 보시고 심히 좋다고 하셨다. 무엇이 하나님을 그토록 기쁘시게 했을까?

생명은 우연으로 설명되지 않는다

많은 학자들의 노력에도 불구하고 지구상의 동물을 모두 알아내기는 아직도 요원하다. 매년 1만 종 이상의 신종 생명체가 밝혀지고 있는

게 현실이다.

현재 지구상에 포유류가 140과 1,040속 5,500여 종, 조류가 220과 2,200속 1만여 종 있는 것으로 알려졌다. 성경에서 언급된 '종류'로 따지자면 그 숫자는 훨씬 줄어들 것이다. 왜냐면 성경의 종류는 생물학적 분류인 종보다 더 넓은 개념이기 때문이다.

제6일, 하나님은 육지의 생물을 세 개 그룹으로 나누어 창조하셨다.

> 하나님이 이르시되 땅은 생물을 그 종류대로 내되 가축과 기는 것과 땅의 짐승을 종류대로 내라 하시니 그대로 되니라(창 1:24)

가축과 기는 것과 땅의 짐승, 세 그룹을 종류대로 만드셨다. 각 그룹을 하나씩 살펴보자.

먼저, 가축은 양, 소, 말, 당나귀, 낙타, 개, 고양이 등 오랜 역사 동안 사람들에게 길들여진 동물이다. 진화론자들은 이들 동물이 인간에 의해 가축화되기 전에는 사나웠을 것이라고 주장하지만 그에 관련된 과학적 증거는 없다. 그보다 인간의 필요를 아시는 하나님이 특별히 도울 만한 짐승들을 지으셨다고 보는 편이 타당하다. 즉 인간을 위하여 땅을 일구고, 의복의 재료가 되어 주고, 짐을 실어 나르는 동물들을 만들어 주셨다는 뜻이다.

중학교 교과서에 사냥개만한 크기의 에오히푸스(eohippus) 화석이 진화하여 지금의 말이 되었다는 그림 자료가 실려 있다. 그러나 다음 몇

가지 이유 때문에 말의 진화 과정
을 확증할 수 없다.

첫째, 지구 어느 곳에서도 규칙적
인 순서로 배열된 말의 조상 화석
이 발견되지 않았다.

둘째, 발견된 화석은 진화 과정
을 나타내는 것이 아닐 수 있다. 말
과 전혀 다른 종이거나 아니면 같
은 종인데 몸집이 크거나 작은 개
체일 수 있다. 그 모두가 같은 시대
에 지구에 살고 있었다고 믿는 것
또한 진화를 믿는 것만큼이나 합리
적이다.

셋째, 품종에 따라 그 크기가 천
차만별이다. 아르헨티나의 조랑말
팔라벨라(falabella)는 세계에서 가장
작은 말로 어깨 높이가 약 78cm 정
도밖에 안 된다. 그에 반해 주로 농
경마로 쓰이는 샤이어(shire)는 세계
에서 몸집이 제일 큰 말로 어깨 높
이가 165~176cm에 몸무게가 약 1t

에오히푸스

팔라벨라

샤이어

에 달한다.

만약 외관상 큰 차이를 보이는 다른 품종의 말들이 화석으로 발견된다면 어떤 일이 벌어질까? 아마도 진화론자들은 이것을 보고 말이 수백만 년에 걸쳐 진화한 증거라고 주장할 것이다. 현존하는 말들인데도 말이다.

넷째, 말이 자연선택(natural selection)에 의해 몸집이 커지는 방향으로 진화했다는 증거를 찾을 수 없다. 반대 현상도 추론할 수 있기 때문이다. 곰, 호랑이, 거북이, 코끼리, 잠자리 등 많은 동물들이 화석을 근거로 보면 선사시대에는 지금보다 훨씬 몸집이 컸었다.

두 번째, 기는 것은 파충류를 가리키는 듯하다. 파충류는 생물학적 분류의 기준으로 매우 큰 강(class)을 형성하는데, 운동방식에 있어서 놀라우리만치 다양하다.

예를 들어, 1,200여 종의 도마뱀과 가운데 코모도왕도마뱀(komodo dragon)은 시속 2km 속도로 달릴 수 있는 데 반해 멕시코에 사는 도마뱀의 속도는 시속 15m에 불과하다.

도마뱀은 위험에 부딪히면 꼬리를 흔들어 적을 유인한 다음, 꼬리를 잘라 적이 당황하는 사이에 도망친다. 꼬리는 바로 다시 생기지만 꼬리뼈 대신에 연골 비슷한 힘줄이 생긴다. 이와 대조적으로 도마뱀류의 카멜레온은 나뭇가지에 매달릴 수 있을 정도로 강한 꼬리를 가지고 있다.

진화론자들은 다양한 동물이 어떤 한 조상으로부터 진화되었다고 주장하지만 그들의 가정을 증명할 만한 중간 단계 화석은 존재하지 않는다. 사실 멸종한 공룡들도 각기 독립적인 종으로 보는 것이 타당하다.

마지막 그룹인 땅의 짐승은 야생동물을 가리킨다. 수천 가지 다양한 야생동물 중에서 캥거루의 예를 들어 보자.

캥거루의 가장 큰 특징은 아랫배 앞에 있는 새끼주머니다. 이것은 오직 암컷만 가지고 있다. 캥거루는 다른 포유동물과 달리 자궁에 태반이 없어서 배아 시기인 임신 33일째 되는 날, 새끼가 어미의 자궁을 빠져나와 앞발만을 이용해 새끼주머니로 기어 올라간 뒤 그 속에 있는 젖꼭지에 달라붙어서 자란다. 갓 태어난 새끼는 1~1.5cm 정도 크기에 몸무게는 1g밖에 되지 않는다. 새끼가 주머니 속에서 자란 뒤 독립하면 키 2m에 체중 90kg의 거구로 자란다.

어미 캥거루가 새끼를 배에 매달고도 빨리 달릴 수 있는 이유는 주머니에 든 새끼가 어미의 점프력에 도움을 주기 때문이다. 처음에는 에너지를 많이 소모하지만 나중에는 탄성에너지 덕분에 에너지의 소모가 적어진다고 한다. 새끼가 주머니 속에서 자라는 동안 훨씬 적은 에너지를 필요로 하기 때문에 결과적으로 양육에 소요되는 어미의 에너지가 적게 드는 것이다. 이렇게 독특한 어미와 새끼의 관계가 과연 우연에 의해 진화된 결과일까?

발전과 진화의 사회적·과학적 혼용

많은 사람들이 변화 및 발전을 진화와 혼용하여 씀으로 여러 가지를 오해한다. 예를 들면, 생명체가 진화해 왔다고 말하면서 자동차도 진화해 왔다고 표현한다. 진화론은 생명이 우연에 의해 생겨나서 목적성 없이 진화했다고 주장한다. 그러나 자동차는 설계자의 디자인대로 엔지니어의 기술에 의해 '창조'되어 분명한 필요와 목적에 의해 거듭 업그레이드된다. 자동차가 오랜 시간에 걸쳐 저절로 만들어질 수 없음을 아는 사람들이 어떻게 그보다 훨씬 더 복잡한 생명체가 저절로 생겨나 오랜 시간에 걸쳐서 진화했다고 믿을 수 있는가? 진화와 발전은 전혀 다른 개념이다.

하나님은 생물을 종류대로 창조하시고 그때마다 보시기에 좋았다고 말씀하셨다.

하나님이 보시기에 좋았더라(창 1:25b)

왜 그럴까? 이는 하나님이 창조하신 생물의 경계가 완벽해서 그것을 뛰어넘는 변이가 결코 일어날 수 없음을 시사하는 것이다.

다윈은 각 세대에 변이들이 축적되면 다른 종으로 변화될 수 있다고 믿었다. 1859년 다윈이 《종의 기원》(The Origin of Species)을 출간한 이래 많은 과학자들이 그의 이론을 증명하기 위하여 사육 실험을 계속해 왔으나 종류의 경계를 뛰어넘는 생명체를 찾아내지는 못했다.

개는 포유류 중 가장 오래된 가축으로서 전 세계에서 사육되고 있으며 품종이 400여 가지나 된다. 생물학적 변이를 거친 결과이다. 품종이

다양하니만큼 크기도 다양하다. 몸집이 가장 큰 종으로 알려진 독일의 그레이트 데인(Great Dane)은 키가 71~76cm, 몸무게가 50kg이나 나간다. 이에 비해 세계에서 제일 작은 개라는 별명을 가진 치와와(chihuahua)는 키가 13~22cm에 몸무게가 3kg에 불과하다. 몸무게가 약 17배나 차이 나지만 종류로는 하나다.

다윈의 자연선택설이 미처 설명하지 못하는 종의 출현을 드 브리스 (Hugo de Vries)가 돌연변이설을 제시하여 진화론에 크게 기여했다는 평을 받는다. 1910년에 미국의 유전학자 모건(Thomas Morgan)이 흰눈 초파리를 발견한 것을 계기로 초파리 돌연변이를 유전자와 관련지어 설명해 냈고, 유전자가 염색체에 존재한다는 염색체설을 제시하였다.

그러나 중요한 것은, 방사선에 의해 돌연변이를 일으켰더라도 초파리는 여전히 초파리라는 것이다. 게다가 돌연변이종은 자생종에 비해 번식력이 현격히 떨어지는 것으로 알려져 있다. 결국 종류를 뛰어넘는 생물학적인 변이란 없으며 종족 보존에 유리한 돌연변이도 없음을 알 수 있다.

그렇다면 잡종 교배를 하면 종류의 경계를 뛰어넘는 새로운 생명체가 탄생할까? 답은 간단하다. 그런 일은 일어나지 않는다. 자연 상태에서는 잡종 교배가 일어나지 않는다. 인위적인 교배에 성공한다 해도 1세대까지뿐이다.

노새의 경우를 보자. 수컷 당나귀와 암말을 교배해서 얻은 것이 노새다. 하지만 새로운 종의 출현이라고는 할 수 없다. 왜냐하면 수컷에게 번식력이 없기 때문이다. 중간잡종의 염색체가 성숙, 분열할 때 감수분열이 일어나지 않아 정자를 만들지 못하니 2세대가 나올 수 없다. 따라서 노새가 필요할 때마다 인위적인 교배 작업을 되풀이해야 한다.

수사자와 암호랑이 사이에서 태어난 종을 라이거(liger)라고 한다. 그런데 라이거끼리는 불임이다. 호랑이와 암사자 간에 태어난 타이곤(tigon)도 마찬가지다. 그러나 드물지만 수호랑이와 암라이거 사이에서 타이라이거가 태어날 수 있으며, 수호랑이와 암타이곤 사이에서도 라이타이곤이 태어날 수 있다. 물론 종류의 경계를 뛰어넘는 생명체의 변화는 일어나지 않는다.

1850년경 영국 맨체스터에서 후추나방이라 불리는 회색가지나방(Biston betularia)의 분포를 조사했을 때, 나무에 들러붙은 밝은 색 이끼와 비슷한 색깔인 흰색 나방이 대부분을 차지하고 있었다. 하지만 산업혁명 후 석탄의 소비 증가로 아황산가스가 많이 배출되자 이끼가 사라지고 나무는 짙은 색을 띠게 되었다. 그에 따라 더 이상 위장할 수 없는 흰색 나방이 포식자에게 많이 잡아먹혀 사라지기 시작했다. 1895년 조사에서는 후추나방의 95%가 검은색이었다. 결론적으로 주위 환경과 비슷한 색깔의 나방이 살아남은 것이다. 하지만 그렇다고 해서 나방이 나비가 된 일은 없었다. 이것은 환경의 변화가 흰색과 검은색의 개체 수에 영향을 미친 변이의 예일 뿐 진화라고 할 수 없다.

현대 생물학은 생물학적 변이(biological variation)와 진화를 혼용하여 사용하고 있다. 변이는 개체간의 차이를 가리키는 것이기 때문에 간단히 개체변이라고 부르기도 한다. 일반적으로 개체변이라고 할 때는, 유전변이와 환경변이 중에서 후천적인 환경변이만을 가리키는 경우가 많다. 환경변이는 유전자 염기서열의 변화 없이 후천적으로 나타나는 것이기 때문에 자손에게 미치는 영향이 제한적이어서 종류의 경계를 뛰어넘을 수 없다.

유전공학으로 유전자를 인위적으로 조작하면 어떻게 될까? 토마토와 감자, 무와 배추의 세포를 각각 융합시켜 잡종 세포 식물인 토감과 무추를 개발한 경우가 있다. 이는 생산성을 높이거나 병충해와 기후에 더욱 강한 작물을 만드는 데 유전자 조작이 이용된다. 일반 가축보다 생장이 빠르고 덩치가 큰 슈퍼 가축들이 나오고 있으며, 의약용으로 인간에게 필요한 단백질, 호르몬 등을 생산하는 가축도 만들어지고 있다. 그러나 이런 경우에도 종류의 경계를 뛰어넘는 전혀 색다른 생명체가 만들어지는 것은 아니다.

생물체의 유용한 특성을 이용하기 위해서 인위적으로 조작하는 기술을 가리켜 생명공학(biotechnology)이라고 한다. 인공장기 개발, 생명복제 등을 위한 실험이 놀랍도록 발달하였다. 그러나 인위적인 조작을 통하여 실험이 행해질 뿐, 실험의 가설이 자연 상태에서는 절대로 일어나지 않는다.

사람의 일생에서 관찰될 수 있는 정도의 변화나 실험실 내에서 재현시킬 수 있는 정도의 소규모 진화를 소진화(micro-evolution)라고 한다. 같은 종 안에서 일어나는 생물학적 변이를 가리키는 진화론 용어다. 소진화 현상은 생물학적으로 입증된 과학적 사실이다.

　문제는 소진화에 한계가 있느냐 없느냐다. 창조론자는 한계가 있다고 보고, 진화론자는 소진화가 축적되어 대진화(macro-evolution)를 이룬다고 주장한다. 그러나 대진화가 관찰된 적은 없으며 앞으로도 없을 것이다.

　한편 창조론자들 중 일부는 진화의 과정을 '하나님의 섭리'로써 해석하기도 한다. 유신진화론(Theistic Evolution)이라고 하는데, 하나님이 천지만물을 창조하실 때 생명체들에게 진화할 수 있는 능력을 부여하셨기 때문에 다양한 형태로 분화하여 진화했다고 보는 이론이다(P. 133 '유신진화론에는 하나님이 없다' 참조).

　그러나 이것은 "누이 좋고 매부 좋다"는 식의 타협일 뿐이다. 성경은 하나님이 종류대로 창조하셨다고 분명하게 밝히고 있으며, 과학으로도 지구상에 생물학적 대진화가 일어난 증거가 없다. 단지 소진화의 축적이 대진화를 가능하게 했다고 믿고 있을 따름이다.

인간, 단일 혈통으로 지음받은 유일한 피조물

　성경은 하나님이 하나님의 형상을 따라 인간을 창조하였다고 기록한다. 이것은 다른 종교에서는 찾아볼 수 없는 매우 독특한 개념이다.

　　[26] 하나님이 이르시되 우리의 형상을 따라 우리의 모양대로 우리가

사람을 만들고 그들로 바다의 물고기와 하늘의 새와 가축과 온 땅
과 땅에 기는 모든 것을 다스리게 하자 하시고 27 하나님이 자기 형
상 곧 하나님의 형상대로 사람을 창조하시되 남자와 여자를 창조하
시고(창 1:26-27)

하나님은 왜 당신 자신을 '우리'라는 복수형으로 표현하셨을까? 이
미 창세기 1장 1~3절에서 나타났듯이, 성부, 성자, 성령이 함께 창조에
참여하셨음을 나타낸다. 또한 성삼위라는 하나님의 독특한 존재 양식
의 진수를 보여 준다.

이 구절은 인간의 절대적인 중요성을 보여 준다. 즉 인간을 동물과는
완전히 다른 차원의 존재로 창조하셨다는 것이다. 인간의 창조와 동물의
창조가 다른 이유는 무엇인가? 바로 생령인가 아닌가의 문제다(창 2:7).

인간의 창조에만 남성과 여성의 언급이 있는 것에 주의하라. 다른
피조물들에게도 생육하고 번성하여 충만하라고 말씀하신 것으로 보아
수컷과 암컷으로 창조된 것은 확실하지만 직접적인 언급은 없다. 따라
서 "남자와 여자를 창조하셨다"고 밝힌 데에는 특별한 이유가 있음에
틀림없다. 그 이유는 다음 장에서 자세히 다룰 것이다.

다른 생명체는 모두 종류대로 창조되었으나 사람만은 그렇지 않았
다. 사람은 하나님의 형상을 따라 단지 한 쌍만이 창조되었다. 이것은
진화론자에 의해서도 확증된다. 1987년 미국 캘리포니아 버클리대 생
화학자 앨런 윌슨(Allan Wilson) 교수가 〈네이처〉(Nature)지를 통해, 5대륙

을 대표하는 147명의 여성의 태반에서 얻은 미토콘드리아(mitochondria) DNA를 분석하여, 이들이 약 20만 년 전 아프리카에 살고 있었던 것으로 추정되는 한 여성으로부터 유래되었다고 발표했다. 이를 근거로 현생인류의 아프리카 기원설을 주장하였다.

윌슨 교수는 사람의 미토콘드리아 DNA가 모계로만 유전된다는 사실에서 출발하여 인류의 공동 조상으로 추정되는 여인을 '미토콘드리아 이브'로 명명하였다. 이것을 이브 가설(Eve theory)이라 한다.

과학적으로나 성경적으로나 인간은 단일한 혈통이다. 인종에 상관없이 결혼하여 자녀를 낳을 수 있다. 동물의 잡종 교배 1세대가 불임인 것과도 다르다. 사도 바울도 이 사실을 분명히 밝힌 바가 있다.

> 인류의 모든 족속을 한 혈통으로 만드사 온 땅에 살게 하시고 그들의 연대를 정하시며 거주의 경계를 한정하셨으니(행 17:26)

인류가 한 혈통이라는 개념은 고대 세계에서는 받아들일 수 없는 대단히 어색한 생각이었다. 일례로 아테네인들은 스스로를 "(아테네의) 대지에서 태어났다"는 의미로 아우토크토네스(Autochthones)라 부르기를 좋아했으며 다른 민족들을 야만인 취급했다. 고대 유대인들 또한 선택 받은 민족이라는 데 과도한 자부심을 가지며 이방 민족들과 동등하게 여기는 어떤 이야기도 만들어 내지 않았다. 그러면서도 감히 하나님의 말씀을 변형시키지는 않았다.

미국을 개척한 이주자들이 원주민들에게도 영혼이 있는가, 그들을 전도할 가치가 있는가에 대해 토론한 것이 불과 수백 년 전의 일이다. 1865년에 이르러서야 노예해방이 이루어졌다는 점을 기억해야 한다. 노예해방 이후인 1906년까지도 아프리카 피그미족 남자가 오랑우탄과 함께 뉴욕 브롱크스 동물원에 전시되기도 했다. 이처럼 성경이 인류는 하나의 혈통이라고 선언한 것은 대단히 놀라운 진리다!

> 하나님이 그들에게 복을 주시며 하나님이 그들에게 이르시되 생육하고 번성하여 땅에 충만하라, 땅을 정복하라, 바다의 물고기와 하늘의 새와 땅에 움직이는 모든 생물을 다스리라 하시니라(창 1:28)

하나님은 인간을 창조하시고, 다섯 가지 복을 주셨다. 다섯 가지 복이란 생육, 번성, 충만, 정복 그리고 다스림이다. 그러나 아담이 범죄한 후에 자연계도 저주를 받아 변화가 왔고, 사람은 하나님과의 친밀한 교제가 깨어졌으며 결과적으로 세상을 정복하라고 주신 통치 권한도 일부 빼앗기게 되었다. 노아의 홍수 심판 이후에 다시 생육, 번성, 충만, 다스림의 네 가지 복을 주셨는데 여기에 정복권은 빠져 있다(창 9:1-2).

실제로 동물을 정복하는 권위를 많이 잃어버렸다. 어떤 사람은 호랑이를 압도할 수 있지만 그보다 훨씬 더 많은 사람들이 호랑이에게 희생된다. 더 중요한 사실은 땅을 정복하는 권세를 사탄에게 빼앗겼다는 것이다. 사탄은 "공중의 권세 잡은 자"(엡 2:2)가 되어 지금도 "우는 사자

같이 두루 다니며 삼킬 자"(벧전 5:8)를 찾아다니고 있다.

하나님은 생물을 다스림에 있어서 자연을 손상하거나 파괴하라고 말씀하신 적이 없다. 땅을 정복하라는 것은 황폐케 해도 좋다는 뜻이 아니라 이 세상에 대한 권세와 책임감을 동시에 주셨다는 것을 의미한다. 우리는 이 땅에서 번성하되 맡겨 주신 자연계를 다스리는 청지기의 역할을 충실하게 수행할 의무가 있다.

성경적 연대와 진화적 연대

인구통계학은 하나님의 창조와 노아 홍수의 성경적 연대가 진화론이 주장하는 연대보다 훨씬 더 합리적임을 보여 준다. 2011년 세계 인구가 70억을 돌파했다. 1900년 15억이던 세계 인구가 25년 20억, 60년 30억, 74년 40억, 87년 50억, 99년 60억으로 폭발적으로 늘었다. 30억에서 배로 느는 데에 39년밖에 걸리지 않은 것이다. 2050년에는 100억을 넘어설 것으로 예측된다.

현재 세계 인구 증가율은 40년에 두 배가 되는 속도를 보이고 있다. 과거에는 그 속도가 느려서 500년마다 배가 되었다고 가정해 보자.

한 쌍의 부부가	
500년 후에	4명
1,000년 후에	8명

1,500년 후에	16명
2,000년 후에	32명
2,500년 후에	64명
3,000년 후에	128명
3,500년 후에	256명
4,000년 후에	512명
4,500년 후에	1,024명
5,000년 후에	2,048명

최초의 인류 한 쌍이 5,000년 후에는 대략 1,000배 정도 증가했을 것으로 보인다.

그러나 진화론자들은 이보다 200배는 더 오래된 약 50만 년 전부터 인간이 지구상에 살았다고 말한다. 5만 년은 5,000년이 열 번이므로 그 동안 인구는 1,000배씩 10번(1000^{10}), 즉 2×10^{30}배가 늘고, 50만 년은 5,000년이 100번이므로, 1000^{100}, 즉 2×10^{300}배나 늘게 된다. 0이 300개나 따라붙는 어마어마한 숫자가 되는 것이다.

이번에는 증가 속도를 더 늦추어서 2,000년마다 배가 되는 경우를 생각해 보자.

한 쌍의 부부가	
2,000년 후에	4명
4,000년 후에	8명
6,000년 후에	16명
8,000년 후에	32명

10,000년 후에	64명
12,000년 후에	128명
14,000년 후에	256명
16,000년 후에	512명
18,000년 후에	1,024명
20,000년 후에	2,048명
40,000년 후에	200만 명
60,000년 후에	20억 명

자료에서 보는 바와 같이 약 1,000배 증가하는 데 2만 년이 걸릴 것이다. 진화론자들의 주장대로 인간이 약 50만 년 전부터 살았다고 가정하면, 50만 년은 2만 년이 25번 지나야 하므로 1000^{25}배가 늘어서 한 쌍의 부부, 즉 남녀 2명이 2×10^{74}명으로 어마어마하게 증가해 있어야 한다. 현재 인구 70억이 7×10^{9}임을 감안할 때 2×10^{74}란 숫자는 비현실적이다. 지구가 이만한 인구를 수용할 수 없다. 따라서 진화론의 가정은 절대 실현 불가능한 것임을 알 수 있다.

어떤 사람은 아담과 하와로부터 시작된 인간 역사가 몇 천 년에 불과하다고 가정하면 지금의 70억 인구를 설명하기가 어렵다고 주장한다. 그러나 참으로 어려운 점은, 수백만 년 전에 인류가 출현했다고 가정할 때 오늘날 인구가 고작 70억밖에 되지 않는다는 문제를 어떻게 설명할 것인가이다.

많은 학자들이 성경에 근거해 노아의 홍수가 기원전 2500년경에 일어났을 것이라고 추정한다. 이 관점에서 보면 노아의 홍수 때부터 현재까지 인구가 160년마다 한 번꼴로 배가(倍加)되었다고 계산하는 것이 합리적이다.

통계학적 견지에서 볼 때 연간 인구자연증가율을 0.5%만 잡아도 홍수 이후 노아의 여덟 식구로부터 다시 시작된 세계 인구가 지금의 70억에 도달하는 데는 4,000년이면 충분하다고 할 수 있다. 이것은 세계 인구 증가율의 1/4에 불과하다.[2] 세계 인구 증가율은 1650년 이후 연간 0.26~2.55%로 조사되었고, 미국의 경우는 1800년 이후 연간 0.71~3.0%로 나타났다.

고대의 인구 증가율을 살펴볼 수 있는 예를 성경에서 찾아볼 수 있다. 야곱의 가족 70명은 기근을 피해 이집트로 내려갔는데 430년 후 출애굽할 때(기원전 1450년경) 100~200만 명으로 늘어났다. 이때 증가율은 연간 2.25~2.41%로 계산되는데, 오늘날의 인구 증가율 범위 안에 들어가는 수치이다.

만약에 100만 년 전에 인류가 출현하여 오늘날 60억이 되었다고 가정하면 이때 연간 인구 증가율은 0.00217%에 불과하며 인구가 2배 증가하는 기간(doubling time)이 무려 3만 2000년이나 된다. 그러므로 인구통계학적으로 수백만 년 전에 인류가 출현했다고 보는 것은 불가능하다고 할 수 있다.

---

2 노아의 홍수가 기원전 2350년경에 일어났다고 가정하면 4,360년 후에 세계 인구가 70억이 된다. 이때 증가율은 연간 0.47%이다.

약육강식의 세상을 만든 것은 인간이다

> [29] 하나님이 이르시되 내가 온 지면의 씨 맺는 모든 채소와 씨 가진 열매 맺는 모든 나무를 너희에게 주노니 너희의 먹을거리가 되리라 [30] 또 땅의 모든 짐승과 하늘의 모든 새와 생명이 있어 땅에 기는 모든 것에게는 내가 모든 푸른 풀을 먹을거리로 주노라 하시니 그대로 되니라(창 1:29-30)

태초에 하나님이 천지를 창조하셨을 때 날짐승을 포함한 지상 생물들은 채식을 했을 것이다. 물에 사는 생물들의 먹이에 대해서는 별다른 언급이 없으므로 논외로 하고, 과연 당시에 채식이 가능했는가에 대해 고찰해 보자.

첫째, 가장 거대한 공룡으로 꼽히는 초식공룡 암피코엘리아스 (Amphicoelias)는 몸길이가 60m 이상, 몸무게는 100t 이상으로 추정된다. 현존하는 동물들 중에 몸집 겨루기에서 뒤지지 않는 코끼리도 초식동물이다.

대표적 육식동물인 사자와 호랑이도 제한된 환경에서는 초식이 가능하다. 또 개나 고양이처럼 원래 육식동물이지만 육식을 하지 않고도 살아갈 수 있는 동물들이 많다. 뿐만 아니라 잡식성을 가진 우리 인간 중에 채식주의자가 있고, 그들이 오히려 더 건강하게 생활하는 모습을 보이기도 한다.

둘째, 성경은 뱀이 선악과 사건으로 저주를 받았는데, "모든 가축과 들의 모든 짐승보다 더욱 저주를 받아"(창 3:14)라고 기록하고 있다. 이때 다른 동물들도 함께 저주를 받은 것으로 생각된다. 따라서 모든 동물들이 처음에는 채식을 하였으나 저주로 인해 육식에 적절한 턱과 소화기관 등의 속성을 지닌 사자나 호랑이가 육식을 하게 되었을 것으로 보인다.

셋째, 사랑은 하나님의 중요한 성품이며 하나님이 곧 사랑이시라고 성경은 말한다(요일 4:8). 사랑의 하나님은 피조물들이 고통과 고난을 받기를 원치 않으신다. 따라서 처음부터 약육강식의 생태계를 만들 이유가 없으셨다.

그러나 불행히도 창세기 3장에서 뱀이 선악과로 아담과 하와를 미혹하는 데 성공함으로 죄가 세상에 들어왔고, 그 결과 아담과 하와가 에덴동산에서 쫓겨났다. 이때 하나님이 아담과 하와에게 가죽옷을 지어 입히셨으니 이는 피를 흘리는 일들이 일어나게 되었다는 뜻이다. 인간에게 육식이 허락된 것은 노아의 홍수 이후다.

모든 생물이 '생존을 위한 경쟁'을 한다는 다윈의 개념은 매우 편견적이다. 사실 가장 잔인한 약탈자는 바로 인간이다.

첫째, 버팔로(buffalo)로 불리는 아메리카 들소(bison bison)는 미국 개척시대에만 해도 6천만 마리가 평원을 활보했다고 한다. 그러나 백인 사냥꾼들의 남획으로 19세기 말에는 그 수가 1,500여 마리로 줄고 말았다.

둘째, 이와 비슷한 경우로 북미 철비둘기의 예를 들 수 있다. 19세기까지만 해도 미국 동부 지역에 철비둘기 수십 억 마리가 살았다고 한다. 하지만 무지막지한 사냥으로 그 수가 급격히 줄어들었고, 급기야 1914년 신시내티(Cincinnati) 동물원에 있던 마지막 철비둘기가 죽음과 동시에 지구상에서 완전히 멸종되었다.

셋째, 한반도에 살았던 맹수들은 어떻게 되었는가? 호랑이, 표범, 늑대, 붉은 여우, 반달가슴곰, 독도 강치 등 대부분이 지금은 자취를 감추었다. 일제강점기에 호랑이가 무분별하게 포획되어 멸종했고, 주 사냥감이었던 꽃사슴이 녹용 때문에 마구 포획되자 늑대도 멸종되었다. 대대적으로 펼쳐진 쥐잡기 운동의 영향으로 쥐약을 먹고 죽은 동물들을 먹고 여우가 죽는 일도 많았다. 결국 1980년대 멸종한 것으로 알려졌다. 오늘날 야생동물보호 운동가들이 남아있는 동물들을 보호하기 위해 노력하고 있다.

동물의 멸종은 하나님의 잔인성 때문이 아니라 인간의 잔인한 욕심 때문에 일어난다는 것을 기억해야 할 것이다.

대부분의 야생동물들은 저마다 활동 영역이 있어서 서로 침범하지 않는다. 육식동물이 단순히 쾌락을 위해 사냥하는 일은 없다. 배가 고파야, 즉 생존에 필요할 때에만 사냥한다.

오직 인간만이 좀 더 많은 재물, 좀 더 많은 쾌락을 위해 살육을 자행한다. 어쩌면 생태계 평형을 위해서는 무엇보다도 인간의 탐욕이 먼저 없어져야 하는 것인지도 모른다.

하나님이 지으신 그 모든 것을 보시니 보시기에 심히 좋았더라 저녁
이 되고 아침이 되니 이는 여섯째 날이니라(창 1:31)

"심히 좋았더라"는 말씀은 하나님의 창조 사역이 마무리 단계에 이
르렀음을 암시한다. 아름다운 신비는 하늘을 찌를 듯이 솟은 고층 건물
보다도 완성된 궁창의 아름다운 별들과 조그마한 꽃에서 더 많이 발견
할 수 있다. 그러나 더 중요한 점은, 생명체를 탄생시키기 위해 지구 환
경을 완벽하게 조성하고, 생명체의 번성을 위해 광명체들의 역할을 정
립한 후 혈육 있는 생물을 창조하셨다는 것이다. 최종적으로 하나님의
형상대로 인간을 창조하셨기에 그분의 최종 걸작품을 보고 심히 좋아
하신 것이다.

천지와 만물이 다 이루어지니라(창 2:1)

"다 이루어지니라"라는 말은 천지창조의 마침표이며 더 이상의 창조
는 없음을 의미한다.

하나님은 정말로 엿새 동안에 모든 것을 만드실 수 있었을까? 그분
은 모든 것을 60억 년에 걸쳐서 만드실 수 있고, 엿새가 아니라 6초 이
내에 혹은 1/60초 이내에도 지으실 수 있을 것이다. 시간을 만드시고
시간의 제한을 받지 않는 분이시기 때문이다.

과학은 거대한 피라미드와 거석 유적을 건축하기 위해 쓰인 재료들

을 찾아낼 수는 있지만, 얼마나 오랜 시간에 걸쳐 그것들을 어떻게 왜 건축하였는지에 대해서는 정확히 밝히지 못한다. 그런데 하나님이 무에서 유를 창조해 내시는 데 얼마나 오래 걸리셨는지에 대해서 시원한 답을 찾을 수 있을까?

때로 과학은 인간이 교만의 바벨탑을 쌓게 만든다. 현대 의학이 매우 발전한 것은 사실이지만 의사는 수술을 할 뿐, 정작 고치시는 분은 하나님이다. 과학자는 하나님이 창조하신 물질을 발견하고 응용할 수 있을 뿐 풀잎 하나, 미생물 하나를 만들어 낼 수는 없다. 생명공학의 한 영역인 생명복제는 하나님이 이미 창조해 놓으신 재료를 가지고 조작하는 기술이지 결코 새로운 창조가 아니다.

복음서들을 연구해 보면 그리스도가 행하신 모든 기적들이 순간적으로 완벽하게 이루어졌음을 알 수 있다. 이것이 바로 하나님이 역사하시는 방법이다. 수년에 걸려서 하지 않고 시간과 무관하게 역사하신다. 성경은 마찬가지로 세상 끝 날에 성도들의 몸이 순식간에 홀연히 변화될 것이라고 말한다.

> [51] 보라 내가 너희에게 비밀을 말하노니 우리가 다 잠 잘 것이 아니요 마지막 나팔에 순식간에 홀연히 다 변화되리니 [52] 나팔 소리가 나매 죽은 자들이 썩지 아니할 것으로 다시 살아나고 우리도 변화되리라(고전 15:51-52)

그렇다면 하나님은 왜 엿새나 걸려서 천지를 창조하셨을까? 생명 창조를 위하여 제반 환경을 질서정연하게 계획하시는 사역의 예를 보이기 위해서일 것이다. 하나님은 하루하루를 순서대로 일하고 마지막 날에 안식함으로써 본을 보이셨다.

기독교의 모든 교리는 믿음에서 온다. 예수님의 동정녀 탄생, 물을 포도주로 만드신 기적, 오병이어의 기적, 죽은 나사로를 살리신 일, 십자가의 피로 죄를 사하심, 영의 거듭남, 예수님의 부활과 승천 그리고 재림…. 이 모두가 믿음으로만 고백할 수 있는 것들이다.

반면에 진화론은 수소 원자로부터 오랜 시간에 걸쳐 우연히 사람이 만들어졌다고 믿는다. 확률의 불가능을 모두 극복했다고 믿는 것이다.

그 오랜 시간 동안 결론적으로 진화론은 과학이 아니라 믿음이다.

예수님의 보혈을 통한 영혼 구원 사건과 5,000명을 먹이신 오병이어의 기적은 믿으면서 하나님이 천지만물을 다 이루시고 사람을 창조하신 것을 믿지 못한다면, 기독교인으로서의 믿음을 진지하게 점검해 봐야 한다. 이 문제에 대하여 믿음장으로 불리는 히브리서 11장은 이렇게 말하고 있다.

> 믿음으로 모든 세계가 하나님의 말씀으로 지어진 줄을 우리가 아나니 보이는 것은 나타난 것으로 말미암아 된 것이 아니니라(히 11:3)

아침에 새들의 아름다운 합창 소리를 들으며 자신에게 물어보라.

"이 소리는 생존 경쟁의 소리인가 아니면 창조주를 찬양하는 성가인 가?"

죄로 찌든 현 세계에서도 하나님의 모든 피조물들은 삶을 즐기며 살아가지 않는가! 이것은 의심할 바 없는 진실이다. 아담이 범죄하기 전에는 모든 생물들이 그들의 삶을 '항상' 즐기고 있었다고 믿는 것은 어려운 일이 아닐 것이다.

현미경 Talk 12

인간 존엄성의 근거와
인간 창조의 특징

인간은 왜 존엄한 존재인가? 그 근거는 오직 성경에서 찾을 수 있다. 바로 인간만이 하나님의 형상을 따라 창조된 존재이기 때문이다.

인간이나 동물은 모두 흙으로 빚어져 창조되었다. 그러나 하나님은 인간에게만 하나님의 형상을 부여하고 생기를 불어넣어 주셨다. 하나님이 인간을 동물보다 한 차원 높은 생령으로 만드셨기에 존엄한 것이다. 하나님은 각각의 인간에게 하나님과 소통할 수 있는 영을 주셨다. 그리고 특별한 목적을 가지고 이 땅에 태어나게 하셨다. 따라서 빈부귀천과 남녀노소의 차이가 있을지라도 모두가 존엄한 존재인 것이다.

만일 진화론에서 주장하는 것처럼 수소 원자로부터 아무런 목적도 없이 우연히 진화를 거듭하여 인간이 만들어졌다면 인간의 존엄성에 아무런 근거를 제시할 수 없다. 오히려 히틀러가 그랬던 것처럼 특정 민족 이외에는 모두 미개하므로, 자연도태 되기를 기다리거나 아니면 적자생존의 논리에 따라 인종을 말살해도 좋다는 철학적 근거를 제공하게 된다. 우생학에 의한 단종법, 서구의 노예제도 등이 이런 맥락에서 자행된 것들이다.

인간 창조의 특징

1. 하나님은 인간을 창조하기 전에 특별한 계획과 결정을 하셨고, 남자와 여자를 손수 빚어 창조하셨다.

2. 인간은 스스로 생각할 수 있고 양심에 의해 선악을 분별할 수 있도록 창조되었으며, 언어 능력과 창조 능력을 부여받았다.

3. 인간만이 종류대로 창조되지 않고, 하나님의 형상을 따라 창조되었다.

4. 인간은 하나님으로부터 세상을 다스리는 권세를 위임받았다.

5. 인간만이 영혼육을 모두 가지고 있다. 하나님이 직접 코에 생기를 불어넣어 주심으로써 생령이 되었고, 하나님과 소통하는 존재가 되었다. 창조 후에 하나님이 보시고 심히 좋아하셨다.

현미경 Talk 13

창조주
예수 그리스도

많은 사람들이 어떻게 예수님이 돌아가심으로써 세상 사람들이 구원을 받을 수 있는지 질문하곤 한다. 천지창조의 믿음과 구원자 예수님은 어떤 연관이 있는 것일까?

예술가가 작품을 창조한 뒤 불의의 사고로 작품이 손상되었다면, 처음부터 구상하고 직접 만들었던 예술가만이 작품을 제대로 복원할 수 있다. 결자해지(結者解之)라고나 할까? 예수님은 태초부터 창조 사역에 친히 참여하셨으므로 만물의 주인이시다. 그런데 인간이 죄를 지었고, 피조세계가 손상되었다. 피조세계를 제대로 복원할 수 있는 분은 오직 성삼위 하나님뿐이시다. 그런데 피조세계가 복원되기 위해서는 대가가 반드시 필요하다.

은행에서 대출을 받아 본 적이 있는가? 대출을 받기 위해서는 담보가 될 만한 물건이나 신용이 필요하다. 즉 은행 빚을 갚으려면 그만큼 가치가 있는 담보물이 필요하다는 뜻이다. 구약시대에는 동물의 피흘림으로 제사를 지냄으로써, 죄를 지어 죽을 수밖에 없는 인간의 죄를 용서받았다. 피가 생명과 밀접한 연관이 있기 때문에 가능한 일이다. 따라서 구약시대의 제사는 동물의 생명을 희생시킴으로써 인간의 생명을 살리는 것이다.

> 그러나 우리에게는 한 하나님 곧 아버지가 계시니 만물이 그에게서 났고 우리도 그를 위하여 있고 또한 한 주 예수 그리스도께서 계시니 만물이 그로 말미암고 우리도 그로 말미암아 있느니라(고전 8:6)

> 만물이 그에게서 창조되되 하늘과 땅에서 보이는 것들과 보이지 않는 것들과 혹은 왕권들이나 주권들이나 통치자들이나 권세들이나 만물이 다 그로 말미암고 그를 위하여 창조되었고(골 1:16)

창조주이자 세상의 주인이신 예수 그리스도만이 인간의 목숨을 비롯한 모든 피조물을 담보할 만큼의 가치를 지니셨다. 피조세계를 위해 담보할 수 있는 유일한 존재인 것이다. 그렇기 때문에 예수님이 십자가에서 전 인류를 위해 자신의 생명을 담보로 하여, 보혈을 흘려 돌아가신 일이 중요한 의미를 갖는다. 인류를 위해 피값을 치른 구원의 역사가 일어났기 때문이다. 성경이 예수 그리스도 외에 "다른 이로써는 구원을 받을 수 없나니 천하 사람 중에 구원을 받을 만한 다른 이름을 우리에게 주신 일이 없음이라"(행 4:12)고 선포하는 근거가 분명하다는 뜻이다.

그러므로 천지창조를 사실로서 진실로 믿는 믿음이 없다면 삼위일체, 예수 그리스도의 동정녀 탄생, 그리스도의 무죄성, 십자가 보혈에 의한 만인 구원, 부활과 승천 등도 믿을 수 없을 것이다. 지금 당신은 어떠한가? 진실로 그리스도인이라면 창조와 성경에 대한 논쟁의 여지가 전혀 없어야 하지 않겠는가?

유신진화론에는
하나님이 없다

유신진화론은 하나님이 진화의 모든 과정을 계획하셨다고 주장한다. 과학과 신학, 양자 간의 갈등을 잘 설명할 뿐 아니라 통섭을 이루는 매우 좋은 이론이라고 생각할지도 모른다.

그러나 유신론적 진화론 사상을 신중하게 검토해 보아야 한다. 종류대로 창조된 생명체가 그 종류를 뛰어넘어 진화했다는 데 대한 과학적 증거가 미미할 뿐 아니라, 하나님의 선하시고 완벽하신 성품으로 미루어 보건데 유신진화론에서 세 가지 중대한 오류를 발견할 수 있다.

첫째, 창세기 기록에는 진화의 개념이 없다.

고상하고 합리적으로 보이는 방법으로 갈등 문제에 타협하는 것이 반드시 진실된 것은 아니다. 하나님이 진화의 모든 과정을 섭리하셨다는 유신진화론 덕분에 창조론과 진화론이 대타협을 한 것처럼 보일 수 있다. 그러나 성경은 모든 생물이 그 종류대로 창조되었다고 분명히 기록하고 있다. 하지만 과학적으로 봐도 생물학적 진화의 증거는 매우 약하다. 종류 간에 변화해 가는 증거인 중간화석이 전무하다.

물론 생물의 발전 단계마다 하나님이 기적을 행하실 수는 있다. 하지만 태초에 행해진 기적에 대한 유일한 참된 기록인 성경에 진화는 없다.

둘째, 하나님이 하나님의 형상을 따라 인간을 창조하셨다.

성경의 하나님은 법과 질서를 지키시는 분이다. 마술로 늑대에서 고래를 만들어 내거나 생쥐에서 박쥐를 만들거나 혹은 원숭이에서 인간을 만들어 내는 분이 아니시다. 세상에 우연히 만들어진 생물은 없다. 모든 생명체는 특별한 목적이 있어서 종류대로 창조되었고, 그중에서도 인간은 하나님의 형상을 따라 직접 지으셨다. 이것이 놀라운 기적이자 찬양받으실 만한 진실이다.

셋째, 하나님은 비효율적인 분이 아니시다.

진화가 최종 산물로서 인간을 만들어 내는 공장과 같다고 말한다면, 하나님은 가장 비효율적이고 잔인한, 낭비벽 있는 공장설계자임에 틀림없다. 우리는 죄가 들어오기 전에는 죽음이 없었다고 믿는다. 그런데 유신진화론은 인간이 진화되기 전에 이미 많은 죽음들이 있었다고 말한다. 진화론에 의하면 환경 조건에 따라 소멸되어 버린 수없이 많은 실험용 생명체들이 있어 왔다는 얘기가 되기 때문이다. 예를 들자면,

공룡은 실험에 의해 폐기처분된 셈이다.

하나님은 낭비하지도 비효율적이시지도 않다. 그 증거를 성경에서 찾아볼 수 있다.

첫째, 오병이어의 기적에서 예수님은 먹고 난 나머지를 버리라고 하지 않으셨다. 오히려 제자들에게 다 모으라고 말씀하셨다(요 6:1-13).

둘째, 예수님은 1년은 고사하고 1시간조차 낭비하신 적이 없다(막 1:35; 요 5:17; 8:29).

셋째, 성경에 기록된 모든 기적은 단번에 완전히 이루어졌다.

성경이 하나님에 대해 가르쳐 주는 모든 것으로 판단하건데 하나님이 진화를 이용하여 천지를 만들어 가신다는 것은 있을 수 없는 일이다.

총정리

숫자로 보는
창세기 요약

창세기 1장은 생명의 탄생과 번성을 위해 계획된 완전한 세계가 창조되는 과정을 설명하고 있다. 먼저, 하나님은 생명체가 거주하는 데 필요한 낮, 밤, 하늘, 땅, 바다 등 지구의 다섯 가지 기본 환경 요소를 갖춘 후에 보시고 좋아하셨다. 또한 여기에 광명체의 다섯 가지 역할인 주야, 징조, 계절, 날과 시간, 해가 정립되어, 혈육 있는 생명체의 보금자리 생활을 위한 완벽한 환경을 조성하셨다. 그러고 나서 완벽하게 창조된 세계를 하나님을 위해 다스리도록 인간에게 위임하셨다. 모든 과정이 아주 잘 묘사되어 있다.

혼돈과 공허의 카오스에서 조화를 이룬 코스모스의 세계를 만드셨고, 그리 뜨겁지 않은 낮과 그리 춥지 않은 밤을 만드셨으며, 하나님과 인간 사이에 교제가 있고 인간과 자연 사이에 교감이 있는 완벽한 세계를 만드셨다. 이것이 태초의 세상이다.

창세기 1장의 가장 중요한 메시지는 '어떻게'가 아닌 '누가' 세상을 창조하였는가이다. 이와 관련하여 특별히 강조된 구절들이 있다. 어떤 구절이 몇 번이나 반복되었는지 보면 그만큼 중요한 주제라는 것을 짐작할 수 있지 않은가.

창세기 1장에서 다음 구절들이 몇 번 언급되었는지 숫자와 함께 그 의미를 살펴보자.

첫째, "하나님이 이르시되"(11번)

창세기의 가장 중요한 교훈은 하나님이 단지 말씀으로 무에서 모든 것을 창조하셨다는 점이다. 태초에 말씀이 계셨고(요 1:1), 그 말씀이 하나님과 함께 계셨으며, 그 말씀이 육신이 되어(요 1:14) 이 땅에 예수 그리스도로 오셨다. 예수께서 창조 사역에 같이 참여하신 암시이기도 하다. 이것은 물질이 영원하다는 일부 과학자들의 견해와는 전혀 다르다. 창조의 히브리 원어 바라(בָּרָא)는 무에서 유를 이루는 것으로, 단순히 '만들다'라는 뜻의 아사(עָשָׂה)와는 다르다. '아사'는 '바라'를 포함한 더 큰 개념이다. 하나님과 인간이 모두 만들 수 있으나 오직 하나님만이 물질과 영혼과 생명체를 창조하실 수 있다.

둘째, "종류대로"(10번)

종류는 생물학적인 종과는 다른 개념이며, 종류를 뛰어넘는 변이란 있을 수 없음을 강조하신 것이다. 인간을 만들 때만큼은 '종류대로'라는 말을 하지 않으셨다. 인간은 하나님의 형상을 따라 창조된 특별한 피조물이며, 모든 인간은 한 혈통으로서 인간이라는 경계를 뛰어넘는 변이는 없다.

셋째, "하나님이 보시기에 좋았더라"(7번)

창세기가 주는 두 번째 중요한 교훈은, 하나님이 처음 창조를 완결시키셨다는 것이다. 이것은 수백만 년 동안의 생존 경쟁, 살육, 소멸, 질병, 파괴 등으로 고난 받았다는 적자생존의 논리를 부인한다. 제2일 궁창을 만드실 때를 제외하고는 모든 날에 "좋았더라"고 말씀하셨다. 특히 제6일에 인간을 창조하심으로써 모든 창조를 마무리하시고 나서 "심히 좋았더라"고 말씀하셨다.

넷째, "저녁이 되고 아침이 되니"(6번)

창세기가 주는 세 번째 중요한 교훈은, 하나님이 오직 엿새 동안에 이 모든 신기한 일들을 완성시키셨다는 점이다. 이것을 강조하기 위해서 하나님이 인간에게 주신 메시지들 중 유일하게 직접 기록하신 창조 이야기에서 이 구절을 포함시켰다(출 20:11).

다섯째, "복을 주시며"(2번)
제5일에 생명체를 창조하시고 생육, 번성, 충만의 복을 주셨고, 제6일에 인간을 창조하시고 생육, 번성, 충만, 정복, 다스림의 복을 주셨다. 또한 창세기 2장에서는 제7일을 안식일로 거룩하게 하시며 복되게 하셨다.

PART 2

인간의 창조와
타락

창세기 1장이 천지창조를 파노라마식으로 보여 주
었다면, 창세기 2장은 인간의 창조에 초점을 맞추어
창조 과정을 상세히 기록하며 안식일의 복과 가정의
기원과 인간의 타락과 실낙원에 대한 이야기를 자세
히 들려준다.

chapter 7

인간의 창조

창세기 2장은 하나님의 창조 사역의 기록을 "천지가 창조될 때에 하늘과 땅의 내력"(창 2:4)이라고 말한다. 여기서 내력이란 히브리어로 톨레도트(תּוֹלְדוֹת)인데 '낳다'는 뜻에서 유래하여 계보, 계통, 족보 등을 의미한다. 영어로는 있었던 일에 대한 설명 또는 이야기라는 뜻의 account, 혹은 계보, 가계도를 뜻하는 genealogy로 번역된다.

톨레도트는 창조 내력 외에도 아담, 노아, 아브라함, 야곱 등의 계보에서 열 번이나 사용되었다. 아브라함이나 야곱 같은 이스라엘 선조의 족보 이야기처럼 천지창조가 역사적 기록임을 의미하는 것이다. 창세기는 톨레도트의 연결이라고 해도 과언이 아니다.

창세기는 성가나 시 혹은 우화나 비유가 아니다. 과학적 공상은 더더욱 아니다. 이것은 말 그대로 사실이다.

안식은 창조의 완료인 동시에 선한 일의 진행이다

누가 일주일을 7일로 정했을까? 지구의 공전에 따른 태양년(solar year)은 정확히 따지면 365일이 아니라 365일 5시간 48분 46초가 된다. 4년마다 생기는 여분의 하루를 윤달로써 보완한다. 사실 7일이라는 구분은 태양년에 정확하게 들어맞지 않는다. 그렇다면 이 개념이 어디서부터 나왔을까? 답은 간단하다. 바로 하나님으로부터다. 즉 창세기에 기록된 하나님의 창조 사역을 따른 것이다.

인간이 생활을 영위하는 데 있어서 7일 구분이 가장 만족할 만하다는 것을 모든 세기와 모든 나라에서 경험적으로 입증해 왔다. 일주일을 7일이 아닌 10일로 바꾸고자 한 시도가 있었다. 1793년 프랑스혁명 주도자들은 7일 제도를 폐지하고 10일제를 도입했다가 혁명의 실패와 함께 7일제로 되돌려야만 했다. 러시아와 스리랑카에서도 비슷한 시도가 있었지만 결국 모두 7일제로 되돌아왔다.

> ²하나님이 그가 하시던 일을 일곱째 날에 마치시니 그가 하시던 모든 일을 그치고 일곱째 날에 안식하시니라 ³하나님이 그 일곱째 날을 복되게 하사 거룩하게 하셨으니 이는 하나님이 그 창조하시며 만드시던 모든 일을 마치시고 그 날에 안식하셨음이니라(창 2:2-3)

하나님이 아닌 유대인들이 안식일을 만들었다고 생각할 수 있을까? 아니다. 유대인들이 반복해서 안식일에 관한 율법을 어긴 것만 봐도 그러했을 가능성이 없다는 것을 알 수 있다. 선지자 아모스는 "월삭이 언제 지나서 우리가 곡식을 팔며 안식일이 언제 지나서 우리가 밀을 내게 할꼬"(암 8:5) 하고 불평하는 사람들을 하나님이 나무라셨다고 말한다.

학생들이 스스로 자유를 제한하는 교칙을 만드는 일을 본 적이 있는가? 안식일은 하나님이 창세 때 정하신 것이다. 모세는 이스라엘 백성들에게 하나님이 안식일을 기억하여 거룩히 지키라고 말씀하시며 안식일을 축복하셨다고 선포했다.

> [8]안식일을 기억하여 거룩하게 지키라 [9]엿새 동안은 힘써 네 모든 일을 행할 것이나 [10]일곱째 날은 네 하나님 여호와의 안식일인즉 너나 네 아들이나 네 딸이나 네 남종이나 네 여종이나 네 가축이나 네 문 안에 머무는 객이라도 아무 일도 하지 말라 [11]이는 엿새 동안에 나 여호와가 하늘과 땅과 바다와 그 가운데 모든 것을 만들고 일곱째 날에 쉬었음이라 그러므로 나 여호와가 안식일을 복되게 하여 그 날을 거룩하게 하였느니라(출 20:8-11)

여기서 주목할 것은, 하나님의 창조 사역을 본받아 인간도 엿새 동안 힘써 일하라고 명령하셨다는 점이다. 따라서 안식일을 거룩하게 지내는 것만큼 나머지 엿새도 열심히 일하며 최선을 다하는 것이 매우 중요한 지상 명령이다.

기독교에서의 안식일은 일요일이다. 주일, 즉 주님의 날(The Lord's

Day)이라고도 한다. 예수님이 인자가 안식일의 주인이라고 직접 말씀하셨기 때문이다.

> 인자는 안식일의 주인이니라 하시니라(마 12:8)

> 또 이르시되 인자는 안식일의 주인이니라 하시더라(눅 6:5)

초대교회 이후로 주님의 부활을 기념하기 위해 일요일을 거룩한 안식일로 지키고 있다.

창조 제7일에 하나님이 안식하셨다는 것은 완벽하게 창조를 마치셨으므로 더 이상의 창조 행위가 필요하지 않다는 뜻이다. 그러나 하나님은 피조물을 위하여 선한 일을 여전히 계속하고 계신다. 안식일에도 지구는 계속해서 우리를 위해 돌아가고 있다!

> 예수께서 그들에게 이르시되 내 아버지께서 이제까지 일하시니 나도 일한다 하시매(요 5:17)

> 사람이 양보다 얼마나 더 귀하냐 그러므로 안식일에 선을 행하는 것이 옳으니라 하시고(마 12:12)

> 예수께서 그들에게 이르시되 내가 너희에게 묻노니 안식일에 선을

행하는 것과 악을 행하는 것, 생명을 구하는 것과 죽이는 것, 어느

것이 옳으냐 하시며(눅 6:9)

이스라엘을 지키시는 이는 졸지도 아니하시고 주무시지도 아니하시

리로다(시 121:4)

생령이 되었다는 것의 의미

창세기 1장이 천지창조의 파노라마식 총론이라면 2장은 인간에게

초점이 맞추어진 각론이다. 히브리 학자들은 약 3,000년 동안 창세기

1~2장이 한 사람에 의해 쓰였으며 내용 면에서 서로 통한다는 것을 의

심하지 않았다.

그런데 약 200여 년 전에 프랑스와 독일에서 몇몇 학자들이 이견을

내놓았다. 하나님의 이름을 1장은 엘로힘(אלהים)으로, 2장은 여호와(יהוה)

로 서로 다르게 부르는 것을 보아 각각 다른 저자가 썼을 것이라고 주

장했고, 두 개 장은 모세가 죽은 지 훨씬 뒤에 쓰였을 것이라고 추정하

며 이것을 증명하려고 애썼다(p. 174 'JEDP 편집가설' 참조).

그러나 현대 학자들은 창세기 1장과 2장 사이에는 상치되는 점이 없

으므로 같은 이야기를 단지 다른 관점에서 썼다고 보며, 모세가 창세기

를 쓰고 편집했다는 것을 의심할 이유가 없다고 말한다.

여호와 하나님이 땅의 흙으로 사람을 지으시고 생기를 그 코에 불어
넣으시니 사람이 생령이 되니라(창 2:7)

성경은 하나님이 물질인 흙을 빚어서 사람을 만들고 직접 생기를 코
에 불어넣어 생령이 되게 하셨다고 말하고 있음에 주목하자. 생기는 히
브리어로 네샤마(נְשָׁמָה)인데, 호흡, 생명, 정신 등을 뜻하는 단어다. 그러
므로 생기를 '살아있는 생명의 호흡' 또는 영을 의미한 것으로 볼 수 있
다. 창세기 1장 2절의 '하나님의 영'에서 영의 히브리어 루아흐(רוּחַ)와
동의어이기도 하다. '생령'의 히브리 원어는 창세기 1장 21절과 24절에
서 쓰인 '생물'과 같은 네페쉬 하야(נֶפֶשׁ חַיָּה)다.

히브리어 뜻에 따라 직역하자면 사람은 "하나님이 흙으로 육체를 지
으신 후에 살아있는 생명의 바람을 코에 불어넣어 지으신 생물"이라
고 할 수 있다. 즉 생령이란 이미 존재했던 생물을 취하여 만든 것이 아
니라 흙으로 사람을 빚은 후에 하나님이 직접 살아있는 생명의 호흡을
불어넣어 지으신 '영이 있는 생명체'다.

이것은 유인원에서 사람이 되었다는 진화론을 전적으로 부인하는
하나님의 말씀이다. 신체를 구성하는 분자 요소들을 모두 땅에서 발견
할 수 있으므로 인간이 대지의 흙에서 만들어졌다는 것은 화학적으로
도 있는 그대로의 사실이다.

신약에서도 이 같은 표현을 찾아볼 수 있다.

기록된 바 첫 사람 아담은 생령이 되었다 함과 같이 마지막 아담은 살려 주는 영이 되었나니(고전 15:45)

에스겔 선지자도 죽었던 육체에 생기를 불어넣으니 육체가 살아나서 일어나 큰 군대를 이루었다고 말한다(겔 37:10).

성경은 아담이 지어졌다고 기술할 뿐, 인간이 유인원으로부터 수백만 년에 걸쳐 진화되었다고 말하지 않는다. 대개 진화라고 하면 원숭이에서 바로 사람이 된 것으로 생각한다. 하지만 사실 진화론은, 먼 옛날 원숭이와 인간의 공통 조상이 있었을 것이라고 가정하고, 거기서 각자 분기하여 원숭이는 원숭이대로, 인간은 인간대로 진화하여 현재에 이르렀다고 주장한다. 지금이 진화의 정점 단계라고 설명한다.

원숭이와 인간은 얼마나 가까운 친척일까? 그 차이를 살펴보면, 진화론이 만족할 만한 답을 주지 못하는 몇 가지 이유들을 발견한다.

첫째, 원숭이를 비롯한 포유류 대부분이 네 발로 걷는 데 반해 인간은 두 발로 걷는다. 수백만 년 동안 화석유인원은 어떻게 상체를 반쯤 구부린 불편한 자세로 생존해 올 수 있었는가? 이것을 설명할 만한 화석은 발견된 바가 없다.

둘째, 인간의 발은 발가락 다섯 개가 하나의 근육으로 묶여 있기 때문에 물건을 한 발로 집어 붙잡을 수 없다. 그러나 원숭이는 엄지발가락 근육이 따로 있기 때문에 손처럼 사용할 수 있다. 근본적으로 다른 원숭이의 손가락처럼 유연한 발가락과 인간의 뭉뚝한 발을 설명해 줄

중간 단계의 화석이 발견된 적이 없다.

셋째, 화석유인원의 지적 능력이 어떻게 해서 인간의 수준으로 발달해 갔는가? 몇 세기에 걸쳐서 지적으로 발달한 동물의 증거는 발견된 바가 전혀 없다. 뇌 용량에 따라 지능이 결정된다면, 화석유인원의 뇌가 현존하는 침팬지보다 더 컸으므로 원숭이들은 선사시대보다 지능이 떨어졌다고 봐야 할 것이다.

진화론자들이 후기 구석기 시대(3만 5000~1만 년 전)에 살았던 것으로 추정하는 크로마뇽인은 현대인보다 더 큰 두개골을 가졌던 것으로 알려져 있다. 뇌의 크기로 보자면 코끼리나 고래가 인간보다 훨씬 크지만 지능은 인간에 훨씬 못 미친다는 사실을 어떤 과학자도 부인하지 못할 것이다. 만약 뇌와 몸무게의 비율로 진화의 척도를 삼는다면 인간의 뇌는 몸의 2.5%에 불과한 데 반해서 참새는 4.2%나 된다. 수치만 보면 인간이 참새보다도 덜 진화되었다고 말할 수 있을 것이다. 실제로 지능은 뇌 용량보다는 뇌의 주름, 즉 뇌 표면을 덮고 있는 신경세포의 수에 의해 결정된다.

넷째, 미국 오클라호마 영장류연구소의 〈유인원 언어 실험 프로젝트〉의 실험 대상이었던 수컷 침팬지 님 침스키(Nim Chimpsky, 1973-2000)의 경우를 보자. 이 프로젝트는 "언어는 인간에게만 내재된 능력"이라고 주장했던 언어학자 노암 촘스키(Noam Chomsky)에게 반박하기 위해 기획된 것으로, 침팬지의 이름 역시 이를 비꼬는 뜻으로 지어졌다.

님 침스키는 뉴욕의 일반 가정에 입양되어 사람처럼 양육되며 수화를 배웠고, TV쇼에도 출연하는 등 유명해졌다. 그러나 프로젝트는 4년

만에 중단되었고, 침팬지는 생체실험연구소, 동물보호소 등을 전전하다 27살이 되던 해에 죽었다. 침팬지의 평균 수명이 50살인 것과 비교하면 요절한 셈이다.

인간과 침팬지는 두 생명체가 공통적으로 가지고 있는 유전자의 염기 서열에서 98.7% 일치한다고 알려져 왔고, 대학교재에 그렇게 쓰여 있다. 그러나 최근 유전체 염기서열 분석연구(genome project)에 의하면, 이는 사실이 아니다. 특정 유전자(gene)의 염기서열은 70% 정도만 비슷한 것으로 알려졌다. 백번 양보해서 사람과 침팬지의 특정 유전자가 99% 염기서열이 같다고 가정해 보자. 그러나 유전자적으로 가깝지만 침팬지가 교육을 통해서도 인간처럼 될 수 없다는 것을 확실히 보여 준 예라고 할 수 있다. 인간과 침팬지의 유전적 차이가 적다고 해서 그만큼 가깝다고 생각한다면 큰 오산이다. 물은 수분 100%, 수박은 99%다. 그러면

침팬지와 사람

물과 수박

물과 수박은 99% 같은가? 매우 중요한 1% 때문에 물과 수박이 구별된다. 하나님은 수박을 수박으로, 침팬지를 침팬지로, 인간을 인간으로 지으셨다. 각각 전혀 다른 피조물인 것이다.

인간만이 옳고 그름에 대한 감각, 즉 양심을 가졌고, 언어를 구사하며, 기도하고 예배하며 장례를 지낸다. 인간의 영적 특성은 차치하더라도 인간 정신은 원숭이와 무한한 차이를 보인다.

음악을 예로 들어 보자. 누구나 노래를 20여 곡 이상은 알고 있을 것이다. 교회 성가대원이라면 찬송가 수백 편을 부를 수 있을 것이고, 피아니스트라면 수천 페이지의 악보를 마음에 담고 있을 것이다. 이러한 능력을 침팬지와 어떻게 비교할 수 있을까? 침팬지는 노래를 기억하거나 연주하는 것은 고사하고 부를 수조차 없다.

장기를 예로 들어 보자. 사각판 위에서 왕과 여러 개의 말들을 움직이는 놀이로 쉽지는 않지만 누구나 배울 수 있다. 말을 움직일 수 있는 경우의 수가 수백만에 달한다. 장기를 두면서 여러 가지 가능성을 예측할 뿐 아니라 지나간 과정을 복기(復棋)하기도 한다. 그러나 침팬지는 어떠한가? 스스로 판단하여 규칙에 따라 졸(卒) 하나 움직이는 것도 불가능하다. 최근에 큰 반향을 일으킨 바둑을 잘 두는 인공지능 알파고 이야기를 많이 한다. 그것은 알파고의 승리가 아니라, 알파고를 만든 인간 창조력의 승리다. 마치 인간의 발명품인 기관차와 인간이 달리기를 해서 기관차가 목적지에 더 빨리 도달하는 결과와 같이 그리 놀라운 일이 아니다.

요즘 주변에 애완동물을 사랑하는 사람들이 많다. 반려동물이 시대적 화두라고 말할 수 있을 정도다. 강아지를 너무 사랑한 나머지 "착한 강아지는 천국에 갈 수 있나요?" 하고 묻는 사람들이 있다. 동물을 사랑하는 마음은 아름답지만 우상시하는 것은 경계해야 한다.

하나님의 피조물들을 사랑하고, 자연을 보존하는 것은 우리의 사명이다. 그러나 자칫 하나님보다 피조물을 더 사랑하게 된다면, 그것은 우상이 된다. 넘지 말아야 할 경계가 분명히 있는 것이다.

동물은 혼을 가지고 있으므로 사람과 쉽게 교감할 수 있다. 그러나 도가 지나치면 자신도 모르는 사이에 신앙생활과 가정생활은 물론 사회생활에 상상을 초월할 정도로 지장을 주는 일이 발생하기도 한다. 모든 피조물을 다스리라고 하신 하나님의 말씀을 따라야 할 인간이 피조물을 우상화한다면 문제가 심각하다.

따라서 "착한 강아지가 천국에 갈 수 있는가"에 대한 답은 "인간을 제외한 다른 피조물은 영을 갖고 있지 않으므로 심판을 받아 천국에 가는 일이 없다"이다. 따라서 동물을 사랑으로 돌보되 사랑이 지나쳐서 동물 때문에 식음을 전폐하거나 병들 정도가 되는 일은 없어야 한다. 또한 애완동물이 결코 가정의 중심이 되어서도 안 된다. 사람과 짐승은 엄연히 다르게 창조된 존재이기 때문이다.

에덴동산, 복구되어야 할 청사진

에덴동산은 하나님이 임재하시는 곳이자 사람과 소통하는 성스러운 공간이었다. 마음의 성전의 상징이라고 해석하는 사람도 있지만 성경에 의하면 에덴동산은 실재했다.

> 여호와 하나님이 동방의 에덴에 동산을 창설하시고 그 지으신 사람을 거기 두시니라(창 2:8)

에덴동산의 지리적 위치는 어디인가? 노아의 홍수 이후 지형이 많이 바뀌었을 테지만, 티그리스 강과 유프라테스 강의 언급으로 보아 페르시아만 깊숙이 있는 쿠웨이트나 이라크 남부 근방에 있었을 것이라고 생각할 수 있다(창 2:11-14). 혹은 팔레스타인 동쪽에 위치했을 수도 있다.

> 여호와 하나님이 그 땅에서 보기에 아름답고 먹기에 좋은 나무가 나게 하시니 동산 가운데에는 생명 나무와 선악을 알게 하는 나무도

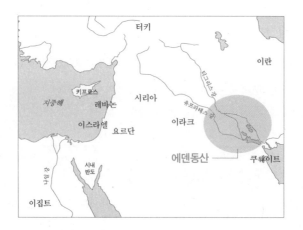

있더라_(창 2:9)

이것은 제3일에 식물을 만드신 일과 모순되지 않는다. 각종 과일나무들이 세계 어느 곳에선가 이미 자라고 있었고, 하나님은 그중 가장 맛있고 아름다운 나무들을 에덴동산에 나게 하셨을 것이다. 에덴동산은 하나님의 정원이다. 우리도 정원을 만들 때 가장 아름다운 나무들을 모아 설계하지 않는가?

우리는 사물을 볼 때 누가 설계했는지 아니면 자연스럽게 생겨난 것인지 알아볼 수 있다. 아름답게 설계된 정원과 울창한 자연림을 직관적으로 구분할 수 있다. 만약 나무 울타리가 반듯하게 정방형으로 둘러싼 들판을 보거나 가로세로 줄을 맞추어 서 있는 나무들을 본다면, 누군가가 일부러 심어 놓은 것임을 본능적으로 알게 될 것이다.

하나님은 질서의 하나님이시다. 겨울에 내리는 하얀 눈의 결정체를 보면 모양이 다양하지만 6각형의 기본 구조를 가지고 있음을 발견한

아름다운 정원

울창한 숲

다. 얼음의 표면장력이 여섯 방향으로 극소치를 취하기 때문인 것으로 알려져 있다. 또한 적혈구는 세포질 내부의 헤모글로빈이 산소와 결합하여 체내의 다른 조직에 산소를 운반해 준다. 이때 산소와 빨리 결합할 수 있게 하기 위해 헤모글로빈이 정확히 4개의 산소 분자와 결합한다. 대칭성과 질서에 대한 본능은 인간이 하나님의 형상대로 창조되었다는 증거가 아닐까?

하나님이 에덴동산에 잘 정돈된 정원을 펼쳐 놓으셨을 것이라는 생각은 전혀 무리하지 않다. 하나님은 동산 가운데 두 나무를 두셨다. 선악을 알게 하는 나무와 생명나무다. 가운데 두셨다는 것은 그만큼 중요하다는 뜻이다.

> ¹⁶ 여호와 하나님이 그 사람에게 명하여 이르시되 동산 각종 나무의 열매는 네가 임의로 먹되 ¹⁷ 선악을 알게 하는 나무의 열매는 먹지 말라 네가 먹는 날에는 반드시 죽으리라 하시니라(창 2:16-17)

인간은 모든 피조물들 가운데 선악을 분별하고 자유롭게 선택할 수 있는 힘, 즉 양심을 가진 유일한 피조물이다. 양심은 인간에게 주신 하나님의 성품 중 하나이기 때문이다.

쥐가 생선을 먹을 때마다 전기쇼크를 주어 앞으로 생선을 먹지 않도록 훈련시킬 수 있다. 그러나 쥐의 머릿속에 "생선을 훔치는 것은 죄"라는 생각을 집어넣을 수는 없다. 쥐는 가치 판단을 하지 못하기 때문이다.

하나님은 인간을 로봇으로 만들지 않으셨다. 소통이 가능한 신의 성품을 소유한 인격체로 창조하셨다. 신학자들은 인간에게 자유의지와 함께 책임도 주어졌다고 생각한다.

하나님은 에덴동산을 창설하고 인간을 거기에 두어 그들이 복된 삶을 살기를 기대하셨다. 복의 히브리 원어 바라크(ברכ)에는 '순종'이란 뜻도 있다. 인간은 하나님의 명령에 순종하는 영역 내에서 복을 누릴 수 있다는 뜻일 것이다. 마치 물고기가 물을 떠나서는 행복을 누릴 수 없듯이 말이다. 이것이 하나님의 법칙이다. 바다와 해변의 경계를 정하고, 대기권과 우주의 경계를 정하고, 생명체에도 종류의 경계를 정하셨듯이 하나님이 정해 놓으신 경계 안에서만 복을 누릴 수가 있다.

선악의 분별, 자유의지에 의한 선택, 가치 판단은 인간만이 할 수 있다. 하나님은 모든 것이 가능하되 선악과만은 따먹지 말라고 명령하셨다. 하지만 인간의 교만이 자유의지로 죄의 길을 선택하게끔 하였기에 그로 말미암아 죽음이 도래하였다.

> 여호와 하나님이 흙으로 각종 들짐승과 공중의 각종 새를 지으시고 아담이 무엇이라고 부르나 보시려고 그것들을 그에게로 이끌어 가시니 아담이 각 생물을 부르는 것이 곧 그 이름이 되었더라(창 2:19)

하나님은 사람뿐 아니라 동물과 새들도 흙으로 지으셨다. 이 절은 사람을 만들기 전에 "땅은 생물을 그 종류대로 내되 가축과 기는 것과 땅의 짐승을 종류대로 내라"(창 1:24)고 하신 말씀과 모순되지 않는다. 히브리어 동사에는 시제가 없고 어떤 행동이 완료되었는지 아닌지만을 구분하는 완료형, 미완료형 두 가지 시상(時相)만 있을 뿐이다. 따라서 과거에 일어났던 일은 모두 완료형으로밖에 표현할 길이 없다. 그러므로 이미 지어진 동물들을 아담에게로 이끌어 오셨다고 봐야 하는 것이다.

하나님이 지구의 다섯 가지 기본 환경요소를 낮, 밤, 하늘, 땅, 바다로 이름 지으셨던 것처럼, 아담도 각 동물의 이름을 지어 불렀다.

> 아담이 모든 가축과 공중의 새와 들의 모든 짐승에게 이름을 주니라
> (창 2:20)

아담의 뛰어난 지력(智力)이 놀랍다. 적어도 5,500여 종의 포유류, 1만여 종의 조류, 1만 3,000여 종의 파충류와 양서류의 이름을 각각 지어낼 수 있었을 뿐만 아니라 명명한 이름들을 모두 기억할 수 있었다는 뜻이다.

그러나 앞서 언급한 바와 같이 종류와 종은 다른 개념이다. 창조 시 피조물들은 종이 아닌 종류로 구분되었다. 따라서 실제로는 이보다 훨씬 더 적은 수의 종류가 있었을 것으로 생각된다.

현대 생물분류학은 매해 다른 결과를 발표하고 있는 실정이라 정확한 숫자는 아니지만, 현재 포유류는 대략 150과, 1,200속, 양서류와 파충류는 1,500과, 1,400속, 조류는 220과, 2,200속 정도가 있다. 성경에서

말하는 종류로 따지면 그 숫자는 훨씬 줄어들 것이다. 적게는 500에서 많게는 5,000종류의 동물이 있었을 것으로 추정된다. 이것은 동물원에 전시된 동물의 수 정도가 될 것이다.

이름을 짓는 행위는 생명체에 대한 하나님의 주권과 통치를 대리하는 지배권을 행사함, 즉 다스림을 뜻한다. 하나님이 이끌어 오신 동물들에게 이름을 붙인 아담에게서 위임된 권위를 볼 수 있다. 하나님은 후일 노아에게도 같은 일을 행하셨다.

> 새가 그 종류대로, 가축이 그 종류대로, 땅에 기는 모든 것이 그 종류대로 각기 둘씩 네게로 나아오리니 그 생명을 보존하게 하라(창 6:20)

예수님도 시몬 베드로의 그물에 고기를 채워 주실 때(눅 5:4-6), 베드로가 1세겔을 입에 문 고기를 낚게 하실 때(마 17:27)에도 똑같은 지배권을 사용하셨다.

최초의 외과 수술

> 여호와 하나님이 이르시되 사람이 혼자 사는 것이 좋지 아니하니 내가 그를 위하여 돕는 배필을 지으리라 하시니라(창 2:18)

창조하실 때마다 "보시기에 좋았더라"고 말씀하신 하나님이 처음으로 "좋지 않다"고 말씀하셨다. 아담이 독처하는 모습이 보기 좋지 않다고 하신 말씀은 매우 중요한 의미를 가진다. 인간은 사회적인 존재이며, 하나님이 주신 복에 따라 생육하고 번성하기 위해 결혼하는 것은 신성하다는 것이다.

하나님이 "남자가 자손을 원하므로 그에게 짝을 주겠다"고 말씀하신 게 아니라는 점에 주목하자. 하와를 창조하신 가장 중요한 이유는, 아담에게 돕는 배필을 주시고자 함이다. 돕는 배필이란 반려자 내지 친구로서의 대등한 관계를 의미한다.

지금도 어느 나라에서는 소녀 매매가 계속되고 있으며 남자보다 여자의 값이 더 싸다. 창세기가 기록된 때에 이런 종류의 인습이 흔히 행해졌다. 그러나 당시 시대 상황과는 달리 성경은 남자와 여자 사이의 바른 관계에 대해서 여러 번 반복해서 말하며 평등한 인격적 관계가 무엇인지 보여 준다.

> [21] 여호와 하나님이 아담을 깊이 잠들게 하시니 잠들매 그가 그 갈빗대 하나를 취하고 살로 대신 채우시고 [22] 여호와 하나님이 아담에게서 취하신 그 갈빗대로 여자를 만드시고 그를 아담에게로 이끌어 오시니(창 2:21-22)

역사상 최초의 외과 수술이 행해진 것을 본다. 환자는 남편이고, 하나님은 의사가 되어 성숙한 여인을 만들어 내셨다. 또한 훗날 에스겔 선지자가 골짜기의 뼈들이 서로 붙고 연결되어 생명체가 되는 장면을 목격한 상황을 연상시킨다(겔 37:1-10).

보통 약물 따위를 이용하여 얼마 동안 의식이나 감각을 잃게 하여 잠들게 하는 것을 마취라고 한다. 창세기는 외과 수술용 마취제가 발명되기 전에 쓰였다. 약 3,000년이 지난 1845년에야 마취제가 발명되었으며, 1853년 빅토리아 여왕이 레오폴드 왕자를 출산할 때 클로로포름을 사용함으로써 마취제에 대한 인식이 바뀌었다. 태초에 하나님이 어떤 방법으로 아담을 깊이 잠들게 하셨는지는 추측할 수조차 없다. 다만 아담이 불필요한 고통을 겪지 않도록 배려하신 하나님의 자비를 발견할 뿐이다.

하나님은 아담의 머리뼈나 다리뼈가 아닌 갈비뼈를 취하여 하와를 만드셨다. 갈비뼈는 매우 탁월한 재생 능력을 가지고 있다. 줄기세포처럼 골막 조직이 있어 뼈를 만들어 내고 영양을 공급해 주는 능력이 탁월하다. 모세가 골막 조직에 대한 의학적 지식을 가졌을 리 만무함에도 불구하고 갈비뼈로 하와를 만드셨다는 구체적인 기록을 남긴 것을 보면 놀랍다.

그런데 어떻게 아무런 기구 없이 아담에게서 갈비뼈를 빼어 하와를 만드실 수 있었을까? 과학이 아무리 발달해도 기구의 도움 없이는 외과 수술을 할 수가 없다. 그러나 하나님은 영이시므로 놀라운 일들을 행하실 수 있다. 가버나움에서 아들의 병을 고쳐 주십사 청한 왕의 신하를 만난 예수님은 멀리 떨어진 곳에서 오직 말씀만으로 아들을 고쳐 주셨고(요 4:47-53), 또 하나님이 모세에게 십계명을 돌판에 직접 써 주실 때는 정 같은 도구를 사용하지 않으셨다(출 31:18)는 데서 그 예를 찾아볼 수 있다.

과학은 하와가 어떻게 창조되었는가에 대해서 정확히 설명하지 못한다. 생식 과정이 얼마나 복잡하고 정교한가? 과학은 동물의 생식에 관해서도 충분한 설명을 하지 못한다. 대표적 단세포동물인 짚신벌레(paramecium)는 몸길이가 170~290μm로 현미경으로 봐야 보일 정도로 작다. 몸집이 작은 만큼 구조와 생식 또한 단조로울 것으로 여겨졌다. 그러나 단세포임에도 불구하고 운동, 소화, 번식, 반응 등의 생명현상을 뚜렷하게 보여 준다. 게다가 환경 여건에 따라 이분법의 무성생식과 접합법의 유성생식 두 가지를 선택할 수 있으니, 한 성물이 어떻게 해서 두 가지 생식법을 갖도록 진화했다는 것인가? 고등동물을 생각해 보자. 이들이 생식에 성공하기 위해서는 암수의 진화가 완벽하게 동시에 이루어져야만 한다. 암수의 발전 단계가 서로 맞지 않으면 진화론의 주장대로 자연도태 되고 말 것이기 때문이다.

남자 옆에 여자, 여자 옆에 남자

아담의 갈비뼈로 하와를 만드신 이유는 하와가 아담보다 높거나 낮은 존재가 아니라 평등한 관계임을 나타내기 위함이다. 아담이 흙에서 만들어진 것이 그가 흙보다 낮은 존재라는 것을 의미하는 게 아닌 것과 같다.

성경이 기록된 시대에는 남녀평등 개념이 없었다. 오직 성경만이 여자를 반려자로 기술하고 있다. 뿐만 아니라 훗날 모세가 슬로브핫의 딸들의 이의 제기를 받아들여 기업을 평등하게 나누어 주었고(민 27:1-11), 마태복음의 족보에는 다말, 라합, 룻, 우리야의 아내, 마리아 등 중요한 여성 다섯 명이 등장한다.

> 아담이 이르되 이는 내 뼈 중의 뼈요 살 중의 살이라 이것을 남자에게서 취하였은즉 여자라 부르리라 하니라(창 2:23)

하나님이 마지막 순서로 창조하신 만큼 여자가 피조물들 중에서 가장 걸작이라는 데에 이의를 달 사람은 별로 없을 것이다. 아담은 무기물인 흙에서 만들어졌고, 하와는 갈비뼈라는 유기물에서 만들어졌다. 아담이 질그릇이라면 하와는 도자기라고 할 수 있을까?

하나님은 최초의 인간들을 왜 이처럼 특별한 방법으로 만드셨을까? 남자와 여자의 관계가 다른 어떤 피조물들과의 관계보다 더욱 밀접하다는 것을 보여 주기 위해서다. 동물들이 종족 보존 본능에 의해 짝짓기를 하는 것을 보면 대개의 경우 상대가 일정하지 않다. 하나님은 여자를 특별한 방법으로 창조하심으로써 한 남자와 한 여자가 더불어 사는 것이 크신 계획 가운데 하나임을 나타내셨다.

하와를 포함하여 전 인류가 첫 사람 아담에게서 비롯된 것처럼 전 인류의 구원 또한 마지막 아담이신 예수 그리스도 한 분에게서 가능하다는 것은 신학적으로 매우 중요한 개념이다(고전 15:45).

> 이러므로 남자가 부모를 떠나 그의 아내와 합하여 둘이 한 몸을 이룰지로다(창 2:24)

바리새인들이 어떤 경우에 아내를 버려도 좋은지 예수님께 물었을 때 예수님은 '사람을 지으신 이가 본래 그들을 남자와 여자로 지으시고 둘이 한 몸을 이루라고 하셨으니 하나님이 짝지어 주신 것을 사람이 나누지 못한다'(마 19:4-6)고 말씀하셨다. 사도 바울도 남편과 아내의 관계에 대해 설교하면서 "사람이 부모를 떠나 그의 아내와 합하여 그 둘이 한 육체가 될지니 이 비밀이 크도다"(엡 5:31-32)고 말했다.

특이한 방법으로 하와를 창조하신 하나님은 모든 남편들에게 시공간을 초월하는 특수한 법을 주셨다. 남자는 부모에게서 양육 받고 성장하지만 성인이 되면 부모를 떠나 아내와 더 밀접한 관계를 맺어야 한다. 매우 기이한 법이다. 많은 종교가 효를 강조하며 가르친다. 그러나 성경은 남편이 아내를 먼저 돌봐야 한다고 말한다. 인륜(人倫)에 있어 부부 관계가 가장 중요하다는 것이다.

벌거벗은 채 산 이유

아담과 그의 아내 두 사람이 벌거벗었으나 부끄러워하지 아니하니라(창 2:25)

아담과 하와가 벌거벗은 채로 있을 수 있었던 이유로 다음 몇 가지를 생각해 볼 수 있다.

첫째, 노아의 홍수 이전의 지구는 성경의 기록이나 화석을 증거로 볼 때 아열대 기후였을 것으로 추정된다. 따라서 보온이 필요하지 않았을 것이다. 또한 지구가 식물로 빽빽이 덮여 있었다는 과학적 증거가 많다.

둘째, 태초에는 모든 피조물이 평화롭게 공존하였다(사 65:25). 그러므로 특별히 신체를 보호할 필요가 없었다.

셋째, 죄를 짓기 전이므로 수치감을 몰랐다.

성은 사실 부끄러울 것 없이 절대적으로 순결한 하나님의 선물이다. 그러나 아담과 하와가 타락한 이후 세상은 죄로 가득 찼으며, 성에 대한 생각과 상상력 또한 나쁜 방향으로 집중되었다. 나체주의자들이 지구상에 에덴동산을 구현해 보겠다고 하지만 예수님이 재림하셔서 모든 것을 변화시키기 전에는 낙원이 있을 수 없다.

사람과 짐승을 가르는 기준,
영과 혼

인간의 생명은 언제부터 시작되는 것일까? 언제부터 영혼을 소유한 완전한 인간이 되는 것일까? 학자들마다 의견이 분분하다. 신학자 토마스 아퀴나스(Thomas Aquinas)는 출산과 동시에 영혼이 주어진다고 주장했다. 그러나 수정란이 배아가 되는 순간 육이 탄생하고, 순환신경계가 완성되는 과정에서 혼과 영이 주어지는 것으로 생각된다.

임신 기간을 서양에서는 아홉 달로 보고, 우리나라를 비롯한 중국, 일본, 베트남 등 아시아권에서는 전통적으로 열 달로 보아 왔다. 과학 교과서는 수정일로부터 266일, 마지막 생리일로부터 280일이라고 쓰고 있다. 전자에 의하면 아홉 달, 후자에 의하면 열 달이 된다. 배란에 14일이 걸리는 것을 감안하면 마지막 생리일로부터 280일이고, 이 기간을 뺀 수정된 시점부터 출산일까지만 계산하면 266일이 되는 것이다.

우리나라에는 아기가 태어난 지 100일이 지나면 백일잔치를 베푸는 풍습이 있는데, 나름 근거를 찾아볼 수 있다. 첫째, 생후 3개월 정도가 되면 신생아의 면역 체계가 완비되어 생존 확률이 높아지기 때문이다. 둘째, 임신 기간 266일에 100일을 더하면 1년이 되므로, 백일잔치 날을 기준으로 하여 대략 1년 전에 태아가 잉태되었다고 볼 수 있기 때문이다. 따라서 태아가 잉태된 생명의 날로서 기념할 만한 가치가 있다. 우리 민족은 태아를 생명으로 간주하고 태교를 중요하게 여겨 왔고, 이러한 생각에서 아기가 태어나자마자 한 살로 계산하는 전통이 이어져 오고 있는 것이다.

> 인생들의 혼은 위로 올라가고 짐승의 혼은 아래 곧 땅으로 내려가는 줄을 누가 알랴(전 3:21)

사람이 죽으면 땅에 속한 속성은 땅으로 돌아가고, 하늘에 속한 속성은 하늘로 돌아간다. 땅에 속한 속성은 육체와 육체의 그릇에 담긴 혼을, 하늘에 속한 속성은 영을 가리킨다.

신학자에 따라 영과 혼과 육으로 3분하거나 영혼과 육으로 2분하기도 한다. 실제로 성경은 영혼과 영과 혼을 혼용하여 기록하는 경우도 있다.

전도서에서 혼으로 번역된 히브리 원어 루아흐는 '호흡, 바람'이란 뜻으로 창세기 1장 2절에서 하나님의 영을 나타내는 데 동일하게 쓰였다. 사람에게는 있는 영이 짐승에게는 없으므로, 사람과 짐승 모두에게 공통적으로 존재하는 호흡을 혼으로 의역한 것이다.

신약에서는 영과 혼이 더욱 분명히 구분되어 사용되었다.

> 하나님의 말씀은 살아 있고 활력이 있어 좌우에 날선 어떤 검보다도 예리하여 혼과 영과 및 관절과 골수를 찔러 쪼개기까지 하며 또 마음의 생각과 뜻을 판단하나니(히 4:12)

하나님의 창조 속성을 설명하는 데 있어서 영혼육의 3분법이 더 적합하다고 생각된다. 인간이 존엄한 것은 하나님의 형상을 따라 영혼육의 세 가지 속성을 가진 유일한 피조물이기 때문이다.

창세기 1장에서 하나님이 천지를 창조하실 때 히브리어 동사 바라(בָּרָא)가 세 군데에서 쓰였는데, 여기서 영과 혼과 육을 발견한다. 제1일에 혼돈하고 공허한 상태에서 물질(육)이 창조되었고, 제5일에 동물이 창조될 때 혼(의식)이 창조되었으며, 제6일에 인간 창조와 함께 영이 창조되었다.

성경 곳곳에서 인간이 영혼육으로 이루어져 있다는 사실을 찾아볼 수 있다.

평강의 하나님이 친히 너희를 온전히 거룩하게 하시고 또 너희의 온 영과 혼과 몸이 우리 주 예수 그리스도께서 강림하실 때에 흠 없게 보전되기를 원하노라(살전 5:23)

모든 생물의 생명(혼, 네페쉬)과 모든 사람의 육신의 목숨(영, 루아흐)이 다 그의 손에 있느니라(욥 12:10)

하나님의 말씀은 살아 있고 활력이 있어 좌우에 날선 어떤 검보다도 예리하여 혼과 영과 및 관절과 골수를 찔러 쪼개기까지 하며 또 마음의 생각과 뜻을 판단하나니(히 4:12)

기록된 바 첫 사람 아담은 생령(혼, 프쉬케)이 되었다 함과 같이 마지막 아담은 살려 주는 영(영, 프뉴마)이 되었나니(고전 15:45)

혼과 육은 사람과 짐승이 모두 가지고 있다. 그렇다면 짐승과 사람의 차이는 어디에서 나는가? 하나님을 주권자로 알아볼 수 있는 영의 유무에 있다. 영의 기능은 천지만물을 창조하신 하나님과 예수 그리스도가 누구이신지를 의식하고 소통하는 것이다.

인간만이 죄를 기억하고 회개하며, 은혜를 기억하고 감사하며, 믿음을 가진다. 창조주 하나님과 예수님을 구주로 고백하고 기도할 수 있는 것은 영이 있기 때문이다.

특별히 예수 그리스도께서 이 땅에 오셔서 우리 죄를 씻기 위해 피흘리며 돌아가신 보혈의 의미를 깨달을 수 있는 것은 영이 세상에서 하나님께 속한 '영원한 생명의 영'인 성령으로 말미암아 거듭난 덕분인 것이다.

> 예수께서 대답하시되 진실로 진실로 네게 이르노니 사람이 물과 성령으로 나지 아니하면 하나님의 나라에 들어갈 수 없느니라(요 3:5)

현미경 Talk 16

창조론보다 더 큰 믿음을 요구하는
진화론

진화론은 태초에 하나의 점이 순식간에 대폭발을 일으켜 우주 만물이 생성되었고, 그 과정에서 수소 원자와 같은 간단한 원소에서 복잡한 물질로, 무생물에서 원시생물을 거쳐 사람으로 진화되었다고 주장한다. 그야말로 큰 믿음을 요구하는 가설이다.

단세포로서 하등한 생물군으로 분류되는 박테리아는 대략 4,000종류의 다른 단백질로 이루어졌다. 인체는 60~100조 개의 세포로 이루어져 있으며, 각 세포는 수만 종류의 단백질로 이루어져 있다. 단백질 하나가 우연히 만들어지는 기적의 확률이 얼마나 되겠는지 한번 수학적으로 계산해 보자.

단백질이 평균 100개 정도의 아미노산으로 이루어졌다고 가정하자. 단백질은 분자량이 1만 2,000Da(dalton)[1]가량 된다. 우리 몸의 아미노산은 대략 20종류가 있다. 따라서 단백질이 만들어질 확률은 $1/20^{100}$이 된다. 이는 $1/10^{130}$에 해당되며, 하나의 단백질이 시행착오를 거쳐 만들어지려면 1.2×10^{134}Da가량의 물질이 있어야 한다.

과학자들은 우주의 질량을 10^{80}Da으로 추정하고 있다. 이 숫자는 하

---

1 원자, 소립자 등의 영역에 사용되는 질량의 단위. 1Da은 1.661×10^{-24}g에 해당한다.

나의 단백질이 만들어지기에도 터무니없이 부족하다.[2] 확률적으로 사람 한 명이 문제가 아니라 단백질 하나가 만들어지기도 불가능에 가깝다.

과학자들은 실험을 진행할 때 미리 그 실험이 성공할 수 있도록 모든 지식을 동원해 정교하게 설계한다. 그러나 확률적으로 성공 가능한 실험임에도 불구하고 생각하지 못한 사소한 물질이 실험물질에 포함되지 않아 실패를 경험하곤 한다. 그 실패를 토대로 확률을 높여 가며 새롭게 실험을 설계한 후 시행착오를 거쳐 마침내 실험이 성공하게 된다.

확률적으로 실패가 분명한 실험을 계속 진행할 과학자는 거의 존재하지 않는다. 아인슈타인은 실패한 실험을 같은 방법으로 반복적으로 시행하면서 그 실험이 다른 결과(성공)를 가져오기를 기대하는 사람을 정신병자로 규정했다. 확률적으로 불가능한 사건이 오랜 시간을 극복하면 이루어질 수 있다는 가설은 기적이 일어나야만 가능하며, 이는 과학이 아니라 믿음이다.

따라서 창조론은 세상을 창조하신 하나님에 대한 한 번의 전적인 믿음이고, 진화론은 빅뱅으로부터 시작하여, 원자에서 유기물에 이르는

---

2 Garrett & Grisham, *Biochemistry textbook*, 4th edition.

화학적 진화의 매 단계마다 그리고 수백만 종의 생물체가 진화하기까지 수많은 엄청난 기적을 믿어야 하는 매우 큰 믿음인 것이다. 수소원자에서 하와가 만들어지는 것과 갈비뼈에서 하와가 만들어지는 것 중 어느 것이 더 믿을 만한가!

JEDP
편집가설

오늘날 진보주의 성서학자들이 매력적인 이론으로 받아들여 만연하게 된 이론이 있다.

성경의 문체들을 비교해 보니 모세오경으로 불리는 성경의 처음 다섯 권(창세기, 출애굽기, 레위기, 민수기, 신명기)을 모세 한 사람이 쓰지 않았다는 이론이다. 역사에 전혀 모습을 나타내지 않은 인물들이 쓴 네 가지 문서를 한 편집자가 엮었다는 것이다. 이것을 JEDP편집가설이라고 한다. 19세기 독일의 율리우스 벨하우젠(Julius Wellhausen, 1844-1918)이 모세오경을 네 개의 자료로 나눈 데서 기인한다. 이것을 일명 문서가설 (documentary hypothesis , 文書假說)이라고도 한다.

이 가설은 창세기 1장은 하나님(Elohim)으로, 창세기 2장은 여호와 하나님(Jehovah)으로 기술된 데서 기인한다. 즉 구약의 오경이 연대순으로 보면 J문서[Jehovist document, 여호와(Jehovah) 혹은 야웨(Yahweh)에서 유래됨, Yahwist, 독일어로는 Jahwist document], E문서(엘로힘, Elohist document), D문서(신명기, Deuteronomist document), P문서(제사장, Priestly document)로 구성되어 있다고 보며, 한 편집자가 이 자료들을 한데 묶었다는 것이다.

J문서는 모세오경 가운데 가장 오래된 자료로 주전 850년 경(초기 남

유다왕국)의 산물로 추정하는데, 창세기의 에덴동산에서 시작하여 족장 역사를 언급하고 있는 부분을 말한다. E문서는 주전 750년경 북왕국과 관련되었다고 보며 일반적으로 J문서와 병행한다. D문서는 주전 620년경 주로 신명기를 편집하였고, P문서는 주전 500년 경 민수기와 일부 창세기의 창조 사건과 족보 그리고 제사와 관련된 자료 등을 편집한 것으로 본다.

네 그룹의 율법학자들이 이 문서를 성공적으로 전 이스라엘에 퍼뜨렸고, 사람들로 하여금 창세기, 출애굽기, 레위기, 민수기, 신명기를 모세의 작품으로 믿게 했다는 것이다. 그런 다음 이 네 그룹의 율법학자들은 사라져 버렸고, 어떠한 흔적도 남기지 않았다고 한다. 그래서 신화가 탄생하게 되었다.

이렇게 역사적 문서를 비평하는 문서편집가설이 성서 문서비평학의 토대를 열었다고 학자들은 설명한다. 한편 정통 복음주의자들은 모세오경을 모세의 저작으로 보며, 이들 구절이 서로 별개의 다른 자료에서 오지 않았다고 해석하고 있다. 왜냐하면 예수님도 직접 언급하셨을 뿐만 아니라(요 5:46-7), 수천 년 동안 정통 신학에서 모세오경(Pentateuch)을 모세가 직접 기록한 것으로 생각해 왔기 때문이다.

고고학 연구에 의하면, 모세 시대 이전부터 인근 국가에서는 역사와 종교를 문서 기록으로 남겨 온 것으로 알려졌다. 이스라엘 민족만 그들의 역사를 문서화하지 못했을 리 없다. 그리고 출애굽기 기록을 보면, 저자는 분명 그 지역의 지리와 동, 식물에 익숙했으며, 분명히 출애굽을 경험한 목격자였다. 여러 이집트 단어들을 사용했고, 기원전 2000년 전의 풍습을 언급하고 있기 때문이다. 또한 신구약 성경에서는 모세가 저자였음을 자주 언급한다(수 1:7 – 8, 8:32 – 34; 삿 3:4; 왕상 2:3, 왕하 14:6, 21:8; 대하 25:4, 스 6:18, 느 8:1, 13:1, 단 9:11 – 13; 요 1:17, 행 6:14, 13:39, 15:5; 고전 9:9; 고후 3:15; 히 10:28)[3].

그러나 왜 현대의 진보적인 성경학자들이 JEDP 가설을 믿는가? 그것은 언어나 성서 문서비평학과는 무관한 것으로 보인다. 이것은 성경에 대한 믿음의 문제이다. 모세에 대한 믿음은 곧 그리스도에 대한 믿음이기 때문이다. 예수님이 모세에 대해 친히 이렇게 말씀하시지 않았던가.

---

3 "Did Moses really write Genesis?", Russell Grigg

⁴⁶ 모세를 믿었더라면 또 나를 믿었으리니 이는 그가 내게 대하여 기록하였음이라 ⁴⁷ 그러나 그의 글도 믿지 아니하거든 어찌 내 말을 믿겠느냐 하시니라(요 5:46-47)

chapter 8

인간의 타락

인간은 뱀의 유혹에 넘어가 타락하게 되었다. 하나님의 말씀에 불순종하는 죄를 저지른 것이다. 그로 말미암아 온 땅이 저주 아래 놓이게 되었고, 죽음이 세상에 들어왔다. 뿐만 아니라 인간은 사는 동안 수고해야만 했다. 이것이 창세기 3장의 내용이다.

우리가 잘 아는 이 이야기에서 과학과 배치되는 점들이 있는지 살펴보자.

뱀의 유혹과 아담의 죄로 저주가 임하다

그런데 뱀은 여호와 하나님이 지으신 들짐승 중에 가장 간교하니라 뱀이 여자에게 물어 이르되 하나님이 참으로 너희에게 동산 모든 나

뱀에게 내린 하나님의 저주는 아마도 지력의 감소일 것이다. 지금은 코끼리, 돌고래, 돼지, 원숭이 심지어 개보다도 지능이 낮지만 아직까지도 뱀은 간교한 동물로 불리고 있다. 예수님이 제자들에게 말씀하신 "뱀같이 지혜롭게"(마 10:16)라는 표현에서 지혜란 수많은 곤경에서 벗어나는 데 필요한 지혜를 뜻한다.

"뱀이 여자에게 물어 이르되"라고 했는데, 뱀이 말을 할 수 있는가? 과학적인 답은 "말하는 뱀의 존재 유무를 확인할 수 없다"이다. 요한은 계시록에서 악마를 "옛 뱀 곧 마귀"라고 부르며 "사탄이라고도 하며 온 천하를 꾀는 자"라고 증언한다(계 12:9). 성경의 다른 곳에서도 말하는 동물의 예를 찾아볼 수 있다. 민수기 22장에 보면, 재물에 눈이 먼 선지자 발람을 태우던 당나귀가 말하는 장면이 나온다. "여호와께서 나귀 입을 여시니"(민 22:28) 가능했던 일이다. 베드로가 이 일이 실제로 일어난 하나님의 기적이었음을 확인시켜 준다.

> 자기의 불법으로 말미암아 책망을 받되 말하지 못하는 나귀가 사람의 소리로 말하여 이 선지자의 미친 행동을 저지하였느니라
>
> (벧후 2:16)

마태복음에도 귀신 들린 자 둘이 무덤 사이에서 나와 예수님을 만나

는 이야기가 나온다. 귀신들이 소리를 지르며 돼지 떼에 들여보내 주시기를 간구하자 예수님이 허락하시고, 귀신들은 돼지에게로 들어가 비탈을 달려서 바다로 떨어져 몰사했다(마 8:28-32).

따라서 마귀가 돼지 속으로 들어갈 수 있었듯이 태초에 사탄이 뱀에게 들어갔던 것으로 생각할 수 있다. 뱀이 악마에 의해서 말을 할 수 있었던 것으로 보인다. 해부학적으로 볼 때 뱀의 혀는 말하기에 적합하지 않다. 그러나 앵무새나 구관조가 조류임에도 불구하고 사람의 말을 따라하듯 들리는 것처럼 뱀도 그럴 수 있었을 것이다.

> 여호와 하나님이 뱀에게 이르시되 네가 이렇게 하였으니 네가 모든 가축과 들의 모든 짐승보다 더욱 저주를 받아 배로 다니고 살아 있는 동안 흙을 먹을지니라(창 3:14)

인간의 타락으로 지구상의 모든 피조물들이 하나님의 저주 아래 있게 되었다. 동물들이 각종 질병에 시달리는 것만 봐도 알 수 있다. 예를 들어, 개는 바이러스성 전염병인 디스템퍼(distemper)와 광견병에, 소는 결핵과 광우병에, 돼지는 구제역과 돼지콜레라에 특히 취약하며 체체파리는 사람뿐 아니라 소, 말, 낙타 등 발굽이 있는 동물들에 치명적인 수면병을 옮긴다.

진화론자들은 뱀이 한때 다리를 가지고 있었을 것이라고 추정한다. 영국 연구진이 고대 파충류의 두개골 화석을 보고 뱀이 땅굴을 파고

지하생활을 하다가 네 다리가 퇴화되었을 것이라는 주장을 내놓았다.

그러나 이것은 더 강하고 더 빠르고 더 현명한 동물들이 살아남아 진화를 이루었다고 하는 기본 개념과 어긋난다. 실제로 다리를 가진 도마뱀이 다리가 없는 뱀보다 훨씬 빨리 나무를 기어오르지 않는가. 진화론은 이에 대해 적절한 설명을 하지 못하고 있다.

오히려 성경이 이에 대해 잘 설명한다. 뱀이 '흙을 먹게 될 것'이라는 말씀은 땅속으로 들어가 살라는 의미이거나 뱀의 혀가 하는 역할과 관련된 내용일 수 있다. 뱀은 땅 위를 움직이는 동안 혀를 계속 날름거리는데 혀로 냄새를 맡고 소리도 감지하기 때문이다. 뱀은 시력이 나빠서 눈 뜬 맹인이나 다름없고, 청력과 코의 기능까지도 형편없다. 포크처럼 갈라진 혀가 눈, 코, 귀의 역할을 대신한다. 공기나 흙에 묻어 있는 냄새 분자를 혀끝에 묻혀 입천장에 있는 야콥손기관(Jacobson's organ)에 집어넣어 감각을 느끼는 것이다.

우리는 이렇게 오묘하게 지으신 창조주 하나님의 지혜를 찬양하지만, 생존을 위해 감각기관인 혀를 날름거리는 피조물에 대해서는 본능적으로 혐오를 느낀다. 뱀을 볼 때마다 다른 사람을 죄의 길로 유혹하는 것이 얼마나 비열한 짓인지를 상기시키는 것, 이것이 바로 하나님의 목적이다.

그리고 본문은 아담의 범죄로 뱀이 가장 많은 저주를 받았을 뿐 아니라 다른 동물들도 저주를 받았다는 사실을 알려 준다. 왜 무죄한 동물들이 인간의 죄로 형벌을 당해야 하는가? 환경의 관리자인 인간이 저주를 받게 되자 그의 관리를 받아야 하는 생태계 또한 저주를 받은 것이다. 동물의 죽음도 슬픈 일이지만 인간의 영혼이 죽는 일은 더더욱 슬픈 비극이다. 무죄한 동물들에게 내린 하나님의 저주는 우리로 하여금 죄의 심각성을 알게 하고, 피흘림과 고통과 눈물이 없는 새 하늘과 새 땅의 필요성을 느끼게 하기 위한 것이다(계 21장).

> 또 여자에게 이르시되 내가 네게 임신하는 고통을 크게 더하리니 네가 수고하고 자식을 낳을 것이며 너는 남편을 원하고 남편은 너를 다스릴 것이니라 하시고(창 3:16)

아프리카 초원의 초식동물들을 보라. 매순간 맹수의 위협을 받으면서도 새끼를 잘도 낳아 키운다. 집에서 기르는 고양이를 봐도 새끼를 쉽게 낳는 것 같다.

그런데 왜 여성은 크나큰 해산의 고통을 겪어야만 하는가? 여자가 겪는 해산의 고통에 대해 진화론자들은 직립보행으로 인해 골반이 작아진 탓이라는 말 외에는 별다른 이유를 대지 못한다. 왜냐하면 고통은 적자생존에서 누구에게도 도움을 주지 않기 때문이다. 진화론적 시각에서 동물들 중에 가장 고등하다고 하는 영장류 인간은 왜 최고 수준의 고통을 감내해야만 종족 번식이 가능한가?

성경만이 유일하게 설득력 있는 답을 줄 수 있다. 해산의 고통은 아담과 하와의 범죄로 인한 하나님의 형벌인 것이다.

가시에 찔리면서도 수고해야 먹으리라

> ¹⁷ 아담에게 이르시되 네가 네 아내의 말을 듣고 내가 네게 먹지 말라 한 나무의 열매를 먹었은즉 땅은 너로 말미암아 저주를 받고 너는 네 평생에 수고하여야 그 소산을 먹으리라 ¹⁸ 땅이 네게 가시덤불과 엉겅퀴를 낼 것이라 네가 먹을 것은 밭의 채소인즉 ¹⁹ 네가 흙으로 돌아갈 때까지 얼굴에 땀을 흘려야 먹을 것을 먹으리니 네가 그것에서 취함을 입었음이라 너는 흙이니 흙으로 돌아갈 것이니라 하시니라(창 3:17-19)

진화론은 가시덤불의 출현에 대해 어떤 설명도 하지 못한다. 가시나물이라고도 하는 엉겅퀴는 국화과의 여러해살이풀로 타원형으로 깃처럼 갈라진 줄기잎을 가졌는데, 가장자리가 톱니처럼 생겼으며 날카로운 가시도 있다. 어떤 사람들은 가시덤불이나 가시가 동물들에게서 식물을 보호해 주는 역할을 한다고 말하기도 한다.

붉고 탐스러운 꽃 덕분에 장미와 달리아는 열렬한 사랑, 정열을 상징하는 식물이 되었다. 그런데 장미는 가시가 있고 달리아는 가시가 없다. 그러면 가시가 있는 장미만 보호를 받고 달리아는 보호를 받지 못했을까? 장미뿐 아니라 달리아도 지금까지 분명히 생존해 있다. 마찬가지로 구스베리와 나무딸기는 가시가 있고, 양딸기와 가시딸기는 가시가 없다. 그러나 모두가 잘 자란다. 심지어 광야에서까지도 말이다.

자비로우신 하나님은 몇몇 식물에게 가시를 두어 우리로 하여금 이 세계가 하나님의 진노 아래 있음을 보여 주고자 하셨다.

가시덤불과 엉겅퀴만 농부들을 곤란하게 만드는 것은 아니다.

첫째, 곤충들이 위협한다. 약 80만 종에 달하는 곤충들 중에 해충은 1%도 채 되지 않지만 이것들이 입히는 피해는 어마어마하다. 아프리카, 아시아, 호주 등지의 메뚜기는 놀랄 정도로 파괴적이다. 수십억 마리의 메뚜기들이 떼를 지어 다니면서 코끼리 400만 마리 몫의 먹이를 하루에 다 해치운다. 2014년 8월 전라남도 해남 친환경 벼농사 단지에 메뚜깃과의 하나인 풀무치 떼가 덮쳐 수확을 앞둔 벼를 갉아 먹은 일도 있었다.

둘째, 가뭄이 위협한다. 매년 세계 곳곳에서 가뭄이 인간을 참혹한 곤경으로 몰아넣곤 한다. 1876년부터 1879년까지 계절풍이 불지 않아 아시아 여러 지역에 역사상 유례없는 큰 가뭄이 들었다. 인도에서 거의 1천만 명에 가까운 사람들이 아사하였고, 중국에서는 크기가 큰 현에서 10만~20만 명이, 작은 현에서 5만~6만 명이 죽었다. 시체를 처리하는 유일한 방법은 커다란 구덩이를 파는 것이었고, 죽은 아이들은 우물에 던져 넣었다고 한다. 기근이 얼마나 심한지 거리에서 인육을 공개적으로 팔기도 했다.

물 부족 현상이 심각한 호주는 매년 인공강우를 한다. 인공강우의 원리는 구름 속에 옥화은 결정체를 살포하여 그 결정체가 눈송이의 핵이 되도록 하는 것이다. 호주에서 인공강우로 내리는 비는 약 2,444만에 달한다.

셋째, 곰팡이류의 병균들이 공격한다. 1845년부터 2년간 감자역병 (potato late blight)이 아일랜드를 덮쳤다. 처음에는 감자 잎에 불규칙적인 누런색의 작은 점무늬가 생기고 이것이 차차 커지면서 갈색이 되고 흰 곰팡이가 생기는 병이다. 오직 감자만 주식으로 삼았던 아일랜드 사람들은 이로 인해 100만 명이 굶어 죽었으며, 기근을 이기지 못해 150만 명 이상이 아메리카 대륙으로 이주하였다.

인간의 죄로 임한 저주는 이밖에도 수없이 많다. 나쁜 날씨와 자연 재난들도 모두 포함된다. 거의 매년 지구는 폭풍, 홍수, 우뢰, 지진 등의 재난으로 고통을 당하고 있다.

전 세계적으로 규모 3.0 이상의 지진이 매년 10만 건 이상 발생하며, 건물에 큰 피해를 줄 정도인 5.0 이상의 지진만도 100건 정도 일어난다. 한반도는 대형 지진의 발생이 적은 편인데, 과학적인 관측이 시작된 1978년 이후 규모 3.0 이상의 지진은 연평균 9회, 규모 5.0 이상의 지진은 6년에 한 번 꼴로 발생했다.

태풍이 1년에 최소한 두세 번꼴로 한반도를 찾아오고, 허리케인이 아메리카 대륙을 1년에 10여 차례 휩쓴다. 태풍이나 허리케인의 기원에 대해서는 과학자들 사이에 아직도 이견이 많다. 만약 이 부분이 해결된다면 초기에 저지하여 피해를 줄일 수 있을 것이다.

기후 조건이 이상적이어도 농사일은 고되고 어렵다. 땅을 갈고, 씨를 뿌리고, 수확하고, 타작하고, 보관하는 등 일이 끝없이 이어진다. 이것은 아담에게 주어졌던 에덴동산 가꾸기와는 전혀 다른 일이다. 거둬서 먹기까지도 수많은 과정을 거쳐야 한다. 타작하고 체질해서 밥을 하거나, 반죽해서 삶거나 구워야 비로소 먹을 수 있다. 나무에서 과일을 따먹는 것과 비교하면 얼마나 힘든 일인가?

지금까지 살펴보았듯이 아담과 하와가 타락한 이후 지구는 더 이상 하나님이 "보시기에 좋았더라" 하는 상태에 있지 아니하며 따라서 낙원이라고 할 수 없다. 안타깝게도 주님의 재림 때까지 악한 세대는 계속될 것이다.

> 그리스도께서 하나님 곧 우리 아버지의 뜻을 따라 이 악한 세대에서 우리를 건지시려고 우리 죄를 대속하기 위하여 자기 몸을 주셨으니 (갈 1:4)

> 피조물이 다 이제까지 함께 탄식하며 함께 고통을 겪고 있는 것을 우리가 아느니라(롬 8:22)

현미경 Talk 18

에덴동산을 떠난
아담의 첫 직업은 무엇이었을까?

고고학자들은 인류가 선사시대에는 수렵으로 근근이 살아가다가 농사를 짓는 법을 알게 되면서부터 정착하여 문명을 발전시킬 수 있었다고 말한다. 그러나 성경은 이와 다른 내용을 기록하고 있다.

> 여호와 하나님이 에덴동산에서 그를 내보내어 그의 근원이 된 땅을 갈게 하시니라(창 3:23)

에덴동산에서 추방된 아담은 바로 땅을 가는 농부가 되었다. 과연 고고학과 성경 중에서 어느 쪽 설명이 사실인가?

가장 오래된 문명으로 꼽히는 황하, 메소포타미아, 나일, 갠지스 강 유역, 즉 중국, 바빌로니아, 이집트, 인도의 기록을 보면 인류는 처음부터 농부였음을 알 수 있다. 물론 그들이 사냥을 하지 않았다는 게 아니라 수렵보다 곡물 경작을 주업으로 삼았다는 뜻이다.

키케로(Cicero)가 '역사의 아버지'라고 불렀던 헤로도토스(Herodotos)는 기원전 492년에 페르시아에 의해 정복된 트라키아족에 대해 "그들은 모든 사람들 중 농경 노동자들을 가장 무가치한 존재로 여긴다. 그들에게 가장 좋은 수입원은 전쟁과 약탈이다"라고 기록했다. 트라키아인들은 아테네 문명과 겨우 수백 킬로미터밖에 떨어지지 않은 곳에 살면서도 건축, 조각, 미술, 문학 등에서 어떤 작품도 남기지 못했고, 수학이나 철학도 만들어 내지 못했다.

문명이 태동하던 시기에 동굴인 역시 여전히 존재했다. 기원전 2000년경에 기록된 것으로 알려진 욥기에도 동굴인이 등장한다.

침침한 골짜기와 흙 구덩이와 바위 굴에서 살며(욥 30:6)

오늘날에도 세계 곳곳에 동굴에서 사는 사람들이 있고, 아프리카에는 사냥과 방목만으로 살아가는 종족들이 있다. 그런가 하면 지금은 멸망하고 사라진 남미의 마야(Maya), 아즈텍(Aztec), 잉카(Inca) 문명의 사람들은 숙련된 건축가, 점성가, 장인, 무사 그리고 농민이었다. 특히 잉카 제국 사람들은 관개시설을 구축하여 옥수수, 콩, 고추, 감자, 고구마 등을 대규모로 재배했다고 한다.

역사를 보면 인류가 일관되게 야만에서 문명으로 진화해 오지 않았음을 알 수 있다. 문명인과 동굴인이 공존하기도 하고, 농업 문화에서 수렵 문화로 퇴보하기도 한다. 이것이 아담의 후예들에게 일어난 일들이다. 아담의 후예 중 얼마는 숲이나 동굴에서 살다가 사라졌고, 또 얼마는 기술을 발달시켜서 방주를 만들었고, 피라미드와 거석문화 유적을 만들기도 했다.

인류의 문명은 노아의 홍수를 기점으로 전후가 나뉜다. 홍수 전의 세계는 완전히 지워졌다. 따라서 이전 문명에 대해서는 우리가 아는 바가 거의 없다.

그러나 여러 가지 사실들을 생각할 때, 최초의 인간은 농부였다는 성경 말씀을 의심할 이유가 없다.

현미경 Talk 19

재수생 인간,
생명나무 아래에 서라

하나님은 인간을 로봇으로 만들지 않으셨다. 로봇은 주인의 명령에 100% 복종한다. 무엇이든 선택할 자유가 없다. 입력된 명령에 복종만 하면 되므로 책임질 일도 없다. 그러나 인간은 로봇이 아니다. 영을 통해 하나님과 대화할 수 있는 특권이 주어진 동시에 자유의지와 행동에 대한 책임도 주어졌다. 하나님은 아담이 완전하게 행복하기를 원하셨다.

한 나라를 이루려면 영토, 국민, 주권이 있어야 한다. 에덴동산은 하나님의 나라이다. 따라서 에덴동산은 하나님의 온전한 주권 아래 있었다. 직접 이름을 지으신 선악을 알게 하는 나무와 생명나무를 동산 가운데에 두셨고, 아담에게 동산의 관리를 맡기셨다. 아담에게는 각종 나무의 열매를 임의로 먹을 수 있는 자유가 주어졌다. 심지어 생명나무 열매도 먹을 수 있었다. 다만 선악과만은 예외였다.

선악과 금지는 아담으로 하여금 하나님의 주권을 인정하고, 하나님을 경외하는 태도를 배우게끔 하는 하나님의 배려 깊은 계획이었다. 특히 동산 가운데에 두신 것은 매일 나무를 쳐다보며 순종 아니면 불순종, 둘 중 하나를 자유의지로 선택하라는 의미였을 것이다. 선악을 알게 하는 나무 아래에 생명이냐 세상이냐의 갈림길이 있었다.

하나님은 완전한 복이 어떻게 이루어지는지 알고 계신다. 복의 히브리어 바라크(ברך)에는 복종이란 뜻도 있다. 즉 피조물은 창조주 하나님의 명령에 복종할 때만 하늘의 복을 누릴 수 있다는 뜻이다.

그런데 아담과 하와는 차라리 생명나무 열매를 따 먹을 것이지 왜 하필이면 먹지 말라 하신 것을 골라서 먹었을까? 아담과 하와의 피가 흐르는 우리는 사실 그 답을 알고 있지 않은가?

"보암직도 하고 지혜롭게 할 만큼 탐스럽기도"(창 3:6) 한 것들에 현혹되어 잘못된 선택을 한 경험이 누구에게나 한 번쯤은 있을 것이다. 그렇다면 하나님은 왜 그런 인간을 창조하셔서 피차 마음고생을 하게 하셨을까? 그에 대한 답은 부모의 입장에서 다음과 같은 질문을 한번 해 봄으로써 약간은 이해할 수 있을 것이다. 왜 사람들은 피차 고생하는 줄 알면서 결혼하고 애를 낳을까? 그에 대한 답은 사랑 때문이 아닐까?

하나님은 모든 인류를 사랑하기에 재수의 기회를 주셨다. 예수 그리스도를 통하여 생명나무 열매를 먹을 수 있는 두 번째 기회가 주어졌다.

하나님이 세상을 이처럼 사랑하사 독생자를 주셨으니 이는 그를 믿

는 자마다 멸망하지 않고 영생을 얻게 하려 하심이라" (요 3:16)

기록된 바 첫 사람 아담은 생령이 되었다 함과 같이 마지막 아담은

살려 주는 영이 되었나니(고전 15:45)

● ○

창세기는 성가나 시 혹은
우화나 비유가 아니다.
과학적 공상은 더더욱 아니다.

이것은 말 그대로 사실이다.

chapter 9

실낙원

아담과 하와가 죄를 짓고 에덴동산에서 쫓겨났다. 에덴을 떠난 아담의 후손은 한동안 여호와의 이름을 부르며 신실한 믿음 가운데에 생육하고 번성하였다. 그러나 자력으로 일군 문명이 발전하면 할수록 아담의 후손은 스스로를 높이고 살인을 저지르며 악을 향해 달려갔다. 하나님이 기뻐하시지 않는 일들을 저지르며 여호와 하나님에게서 멀어져 갔다. 범죄로 잃어 버린 에덴동산이 기억에서조차 지워져 갔다.

하나님에게서 멀어지다

에덴에서 쫓겨난 아담과 하와는 동침하여 가인과 아벨을 낳았다. 세월이 지난 후에 성장한 두 아들 사이에 인류 최초의 살인 사건이 일어났으며, 살인자 가인은 여호와 앞을 떠나 에덴 동쪽으로 이동했다. 낙원에서 점점 더 멀어지는 것이다.

> 가인이 여호와 앞을 떠나서 에덴 동쪽 놋 땅에 거주하더니 아내와
> 동침하매 그가 임신하여 에녹을 낳은지라(창 4:16-17a)

그런데 가인은 아내를 어디서 얻었을까? 이 의문은 수세기 동안 계속되어 왔다. 답은 의외로 매우 간단하다. 아내는 가인의 누이들 중 하나였을 것이다. 오늘날에는 누이와 결혼하는 것이 우생학적으로 현명하지 못하다고 간주된다. 또 모세의 율법에서도 그것을 금하고 있다(레 18장). 그러나 하나님은 남녀 한 쌍으로부터 인류 역사를 시작하셨고, 적어도 세대 초반에는 이런 일이 일어나야 했다. 실제로 근친혼의 역사는 꽤 오래되었다. 주로 왕족의 권위를 유지하며 혈통의 순결을 지키기 위한 목적으로 혈족 안에서 결혼이 이루어졌다. 같은 이유로 고려시대에 왕족끼리 근친혼을 하는 전통이 있기도 했다.

성경은 아담이 가인과 아벨 외에도 많은 자녀를 낳았다고 기록하고 있다(창 5:4). 단지 창세기 4장에서는 가인을 중심으로 기술하고 있을 뿐이다.

진화론자들은 인간이 역사 초기에는 원숭이처럼 집단 내에서 난교를 하다가 점차 한 남성이 한 여성과 짝을 이루는 관습을 만들었다고 말한다. 그러나 이에 대한 증거가 전혀 없다.

결혼 관습은 지역마다 크게 다르다. 어떤 곳은 일부다처제를 허용하

기도 하지만, 대부분 지역은 일부일처를 지킨다. 경우에 따라 더욱 엄격하게 지키는 곳도 있으며 간음할 경우에는 혹독한 처벌을 받기도 한다.

성경은 한 남성과 한 여성이 일생 동안 가정을 이루는 것이 하나님의 원래 계획이었다고 말한다. 그러나 므드사엘의 아들 라멕이 최초로 아다와 씰라 두 아내를 맞이하였다. 하나님의 법을 경멸한 것이다. 결국 그는 살인까지 서슴없이 저질렀다.

> ¹⁹ 라멕이 두 아내를 맞이하였으니 하나의 이름은 아다요 하나의 이름은 씰라였더라 ²⁰ 아다는 야발을 낳았으니 그는 장막에 거주하며 가축을 치는 자의 조상이 되었고(창 4:19-20)

> ²¹ 그의 아우의 이름은 유발이니 그는 수금과 퉁소를 잡는 모든 자의 조상이 되었으며 ²² 씰라는 두발가인을 낳았으니 그는 구리와 쇠로 여러 가지 기구를 만드는 자요 두발가인의 누이는 나아마였더라(창 4:21-22)

> ²³ 라멕이 아내들에게 이르되 아다와 씰라여 내 목소리를 들으라 라멕의 아내들이여 내 말을 들으라 나의 상처로 말미암아 내가 사람을 죽였고 나의 상함으로 말미암아 소년을 죽였도다 ²⁴ 가인을 위하여는 벌이 칠 배일진대 라멕을 위하여는 벌이 칠십칠 배이리로다 하였더라(창 4:23-24)

라멕은 두 아내에게서 아들을 여럿 낳았다. 그중에 유발이나 두발가인과 같이 예술과 수공업 분야에서 뛰어난 재능을 나타낸 이들이 있었다. 노아의 홍수 전에 놀라운 진보가 있었음을 시사해 준다.

진화론에 의하면 적어도 5만 년 전에 호모 사피엔스(*Homo sapiens*)가 등장했는데, 진화론자들은 그들이 수천 아니 수만 년을 살면서 어째서 건축물, 도구, 농기구, 배, 필기구, 악기 등을 발명해 내지 못했는가에 대해서는 답을 하지 못한다. 인간이 수백만 년의 구석기, 신석기를 지나며 돌로 만든 연장만으로 농사를 짓고, 수렵 활동을 했다는 것은 믿기 어렵다. 두개골의 용적이나 형태로 보아 네안데르탈인과 크로마뇽인이 현대인만큼의 지력을 가졌다고 볼 수 있는데, 어떻게 이들이 수백만 년 동안 아무런 문명의 발전 없이 돌만 깨면서 지낼 수 있었을까?

성경에서 인류의 역사를 살펴볼 수 있다. 어떤 종족은 물건을 발명하는 데 있어서 다른 종족들보다 훨씬 뛰어났다. 유발과 두발가인 같은 사람들이 중동에서 살았던 시대에 석기인들이 유럽이나 터키에 살지 않았을 이유는 없다. 석기시대가 기원전 2000년경 막을 내리고 사라졌다고 하지만, 지금도 오스트레일리아의 원주민들은 목공, 사냥, 요리 등에 쓰이는 50여 가지 도구를 돌로 만들어 사용하고 있다.

노아 홍수 이전까지의 아담의 계보

창세기 5장은 아이들에게 들려주는 이야기로 구전될 만한 내용이 전혀 아니다. 왜냐하면 재미있는 옛날 이야기가 아니기 때문이다. 그리스의 트로이 침략 후 오디세우스라는 영웅이 10년 동안 바다에서 펼친 모험담이 구전으로 내려오던 것을 호메로스(Homeros)가 대서사시로 엮은 것이 〈오디세이아〉(Odysseia)이다. 이 흥미진진한 이야기는 시와 노래로 불리면서 널리 사랑받았다. 그러나 흥미로운 이야기 하나 없이 나열된 족보를 누가 암송이나 했겠는가?

이것은 아담의 계보를 적은 책이니라(창 5:1a)

창세기 5장은 1절의 계보라는 말이 의미하는 바, 문자화한 기록이 아니고서는 결코 남아 있을 수 없을 내용이다. 계보는 히브리어로 세페르 톨레도트(ספר תולדות)다. 하나님이 천지창조 후에 엿새간의 창조 사역을 한마디로 "이것이 천지가 창조될 때에 '하늘과 땅의 내력'"(창 2:4)이라고 정리하셨는데, 여기서 내력이 바로 톨레도트로 앞에서 설명했던 바와 같이 '낳다'는 뜻에서 유래하여 계보, 계통, 족보 등을 의미한다. 세페르는 책, 즉 기록된 문서라는 뜻이다. 따라서 세페르 톨레도트란 '족보를 기록한 문서'라고 할 수 있다.

이로써 아담의 계보는 구전으로 전해진 것이 아님을 알 수 있다. 계보는 창세기 5장 1절에서 아담의 계보를 언급할 때에 최초로 쓰였고, 신약에서는 마태복음 1장 1절에서 두 번째 아담인 예수 그리스도의 계보를 언급할 때 처음 쓰였다는 것은 주목할 만하다.

고대 문명의 놀라운 면모는 점성술에 대한 이해에서 나타난다. 그리고 점성술은 쓰인 기록에 의존한다. 탈레스가 기원전 585년 5월 28일에 일어날 일식(solar eclipse)을 정확히 예언할 수 있었던 것은 이집트와 바빌로니아의 학자들이 남긴 기록 덕분이었다. 탈레스보다 2천 년 앞서서 이집트인들이 파피루스 위에 별을 관찰한 기록을 남겼고, 바빌로니아인들도 점토판에 이러한 기록을 남겨서 보관하였던 것이다.

기자(GIZA) 지구의 피라미드들이 세워지던 시대에 이집트인들은 태양년의 길이를 비롯한 천문학적 지식을 기록으로 많이 남겼다. 또 수메르 문명(지금의 이라크)에서 기원전 3000년경에 쓴 것으로 보이는 쐐기문자 기록도 남아 있다. 문명이 태동하고 발달한 모든 곳에서 문자 기록을 발견할 수 있다.

인류문명사가 남긴 여러 가지 증거들로 미루어 보아 태초에 아담과 아담 후손의 행적이 기록으로 남아있지 말라는 법이 없다. 아담의 경건한 후예는 기록하는 작업을 계속했을 것이다. 노아는 이 기록을 방주에 넣었고, 마침내 모세에 의해 아담의 족보와 연대기들이 이스라엘 초기 역사에 포함되었을 것으로 보인다. 이러한 해석은 창세기 후반에서 발견되는 중요한 탄생이나 결혼 그리고 죽음에 대한 정확한 기록이 보여주는 바와 완전히 일치한다.

그는 구백삼십 세를 살고 죽었더라(창 5:5)

930세나 되는 나이를 어떻게 설명할 수 있는가? 태초 제2일에 하나님은 궁창을 만들고 궁창 위의 물과 궁창 아래의 물로 나뉘게 하셨다(창 1:7). 노아의 홍수 전에 지구 주위에 물층, 즉 궁창 위의 물이 있었다고 보면, 이 물층이 생명을 단축시키는 주범인 해로운 우주선(cosmic rays)으로부터 생물들을 보호했을 것이라고 많은 과학자들이 말한다. 덕분에 인간은 지금보다 훨씬 더 오래 살았을 것이고, 동물들도 거대하게 자랄 수 있었을 것이다.

수백 개나 되는 거대 화석들이 이 가정을 뒷받침해 준다. 3m길이의 거북이, 70cm 길이의 날개를 가진 잠자리들, 몸집은 작지만 날개를 펼치면 8m에 달했던 익룡도 있다. 그리고 고대 악어는 몸길이가 9m에 몸무게가 3t이나 되어 현생 악어보다 3배 이상 더 무거웠던 것으로 추정된다. 현생 동물들에 비해 몸집이 거대한 고대 동물들은 그만큼 자라기까지 더 오래 살았음에 틀림없다.

세포가 생장하여 분열하는 동안 반복하여 거치는 여러 단계를 세포주기(cell cycle)라고 한다. 궁창 위의 물층이 해로운 우주선을 차단하고 지구에 생물이 살기에 최적의 환경 조건을 만들어 주었다면, 세포주기가 지금보다 더 길었을 것이다. 그만큼 노화도 더디게 진행되었을 것이고, 따라서 수명 또한 길었을 것이다. 세포의 수명이 결국 세포의 집합체인 생물의 수명과도 직결되기 때문이다. 따라서 노아의 홍수 이전의 인간 수명은 지금보다 10~12배 정도 더 길었으리라고 생각할 수 있다. 화석의 증거들로 볼 때, 생물은 진화가 아니라 오히려 퇴화되어 온 것은 아닐까? 실제로 분자생물학을 이용한 인간의 염기 분석 결과를 보면, 곳곳에 DNA 손상의 흔적이 남아 있다.

뿐만 아니라 이렇게 생각할 수도 있다. 누군가가 후손에게 전하기 위하여 믿을 만한 역사를 기록한다고 하자. 그 내용이 사실이 아니라면 인간의 수명을 930세로 기록할 수 있겠는가? 다음 내용은 성경의 기록이 얼마나 정확한 사실인지를 보여 준다.

첫째, 《유대전쟁사》, 《유대고대사》 등을 남긴 유대 역사가 요세푸스(Flavius Josephus)는 각기 다른 나라 출신의 역사가 12명이 홍수 전에 인간 수명이 거의 1,000년에 달했었다는 성경 기록에 동의했다고 기록하고 있다.

둘째, 창세기 중 점검될 수 있는 부분은 놀랍게도 아주 정확하게 증명되었다. 기록된 이집트인들의 관습과 이름을 예로 들 수 있다. 따라서 창세기에서 점검되지 못한 진술들도 정확한 사실이라고 믿는 것이 합리적이다.

셋째, 근래 연구는 선사시대 사람들이 현대인보다 훨씬 건강했었다고 밝히고 있다. 공해 물질이나 유해 환경에서 자유로웠기 때문이며, 유전자가 세대를 거듭해서 내려온 지금보다 훨씬 덜 손상되었을 것이기 때문이다.

아담의 범죄 이후와 노아의 홍수 이래로 시간이 지남에 따라 생명체는 진화한 것이 아니라 끊임없이 외부 환경 및 생체 내부의 물질로부터 유전자들이 손상 받음으로써 오히려 퇴화해 왔다고 할 수 있다. 인간 수명이 늘어난 것은 의료기술의 발달 때문이지 인간의 유전자가 진화되어서 장수하는 것이 결코 아니다.

암 같은 심각한 질병과 각종 유전병에 노출된 유전자들이 대대손손 물려지고 있다. 현대 의학이 생명을 연장시킬 것이라고 기대되었으나 근본적으로 손상되어 있는 유전자를 치료할 길은 없다. 미봉책으로 생명을 짧게나마 연장시킬 따름이다.

창세기 5장의 계보는 아담의 때부터 홍수 때까지의 연대기를 제공하는 동시에 하나님은 언제나 몇몇 진실한 신앙인들을 남겨 놓으심을 보여 주기 위한 목적으로 쓰였다. 계보에 등장하는 인물들의 수명은 수백 년씩 중첩되어 있다. 아담이 죽었을 때 노아의 아버지 라멕이 56세였다. 그러므로 아담이 전수하기 원했던 모든 전통, 혹은 점토판과 같은 기록된 문서들은 홍수가 일어난 시기와는 불과 2세대 차이밖에 나지 않는다. 즉 아담이 전해 주는 모든 이야기가 노아의 홍수 이후 세대에게 전해지기까지 단 두 세대가 걸렸다는 뜻이다.

오래된 문명들은 대개 어떤 종류의 연대 체계를 가지고 있다. 그중 어떤 문명도 창조 연대가 기원전 7000년보다 더 오래되었다고 말하지 않는다. 각 문명이 기록한 창조 시기를 살펴보자.

인도	기원전 6204년
아라비아	기원전 6174년
바빌로니아	기원전 6158년
중국	기원전 6157년
페르시아	기원전 5507년
마야(중앙아메리카)	기원전 3113년
한국	기원전 2333년

고고학의 연대 추정은 신뢰할 수 없을 만큼 자주 수정되곤 한다. 대영백과사전에는 기자 지구의 피라미드의 연대가 처음에는 기원전 4800년으로 추정되었으나 10년 후에는 그보다 천 년이 뒤진 기원전 3800년으로 수정되었으며, 그다음에 또 천 년이 뒤져 기원전 2850년에서 2600년 정도로 추정하고 있다. 전문가의 측정과 계산에도 오류가 많음을 알 수 있다.

에녹이 하나님과 동행하더니 하나님이 그를 데려가시므로 세상에 있지 아니하였더라(창 5:24)

많은 신학자들은 에녹이 휴거(携擧)를 통해 죽음을 보지 않고 하늘로 들려 올라갔으리라고 생각한다. 그 외에도 선지자 엘리야가 살아서 하늘로 올려졌고(왕하 2장), 모세는 무덤을 발견할 수 없었다고 전해진다.

예수님은 죽음에서 부활하여 승천하셨으며, 재림하시는 날 모든 진실한 그리스도인들이 마침내 휴거될 것이다(살전 4:16-17). 이것이 사도신경을 통해 해온 그리스도인의 신앙고백이다. 중력의 법칙을 만드신 하나님은 그분이 원하기만 하면 예수님이 바다 위를 걸으셨을 때처럼 자신이 만든 물리법칙을 뛰어넘으실 수 있다(마 14:22-33).

> 그는 칠백칠십칠 세를 살고 죽었더라(창 5:31)

노아의 아버지 라멕은 홍수가 있기 5년 전에 777세 나이로 죽었고(창 5:30, 창 7:6 참조), 노아의 할아버지 므두셀라는 홍수가 있던 바로 그해에 죽었다는 사실이 매우 흥미롭다.

> 25 므두셀라는 백팔십칠 세에 라멕을 낳았고 26 라멕을 낳은 후 칠백팔십이 년을 지내며 자녀를 낳았으며 27 그는 구백육십구 세를 살고 죽었더라 28 라멕은 백팔십이 세에 아들(노아)을 낳고(창 5:25-28)

> 라멕은 노아를 낳은 후 오백구십오 년을 지내며 자녀들을 낳았으며 (창 5:30)

> 홍수가 땅에 있을 때에 노아가 육백 세라(창 7:6)

연수를 풀어 보면, 라멕은 노아가 태어날 때 182세였다. 노아는 홍수가 있기 전 600년을 살았으므로 라멕의 출생부터 홍수까지 782년이 된다. 이것은 라멕의 출생 후 므두셀라가 살아온 연수인 782년과 일치한다.

다음의 표에 창세기 5장과 11장에 나오는 아담의 계보를 정리했다. 성경은 방주에 노아의 직계 가족 여덟 명만이 승선했다고 전한다. 아담으로부터 야곱이 죽을 때까지 성경 기록에 빠진 인물이 없다고 가정하면 총 2,255년이 걸린 셈이 된다.

<아담부터 야곱까지의 계보>

이름	아담부터의 출생 연대기	아들 낳은 나이	사망 시 나이	아담부터의 사망 연대기
아담	0	130	930	930
셋	130	105	912	1042
에노스	235	90	905	1140
게난	325	70	910	1235
마할랄렐	395	65	895	1290
야렛	460	162	962	1422
에녹	622	65	365(하늘로 들림)	987
므두셀라	687	187	969	1656
라멕	874	182	777	1651
노아	1056	502	950	2006
셈	1558	100	600	2158
아르박삿	1658	35	438	2096
셀라	1693	30	433	2126
에벨	1723	34	464	2187
벨렉	1757	30	239	1996
르우	1787	32	239	2026
스룩	1819	30	230	2049
나홀	1849	29	148	1997
데라	1878	70	205	2083
아브라함	1948	100	175	2123
이삭	2048	60	180	2228
야곱	2108	-	147	2255

현미경 Talk 20

성경은 신화인가,
역사인가?

박에서 금은보화가 쏟아져 나올지도 모른다고 설레거나 호박이 마차로 변할지도 모른다고 믿는 사람은 없다. 흥부네 박, 신데렐라네 호박이라면 모를까 현실에서는 그런 일이 일어나지 않는다. 그럼에도 불구하고 누구나 동화를 좋아한다. 동화의 세계가 비현실적이지만, 마음이 따뜻해지는 이야기에 위로를 받고 권선징악적 내용에서 교훈을 얻을 수 있기 때문이다.

성경을 신화라고 믿는 학자들은 아담과 하와의 이야기도 동화로 본다. 신과 자연, 결혼과 성에 대한 바른 감정을 심어 주기 위해 만들어진 슬프고도 아름다운 이야기라는 것이다. 또한 실제로 순종하면 보상을 받고 불순종하면 이따금씩 벌을 받는 것이 세상사인 만큼 신화가 사실일 수 있다고 말한다.

사람들은 창세기를, 흰 수염이 길게 난 할아버지가 초롱초롱한 눈빛의 손주를 무릎에 앉혀 놓고 들려주는 옛날 이야기 또는 신화로 알아왔다. 성경 이야기는 유대인 가정에서 꽤 오랫동안 입에서 입으로 전해져 내려왔다. 그런데 오랜 세월 동안 전해져 온 이야기가 몇 명의 머리 좋은 사람들에 의해 기록되기 시작했고, 훌륭한 편집인에 의해 날틀에서 베를 짜듯이 정교하게 엮여서 마침내 지금의 창세기가 되었다고 말하는 사람들이 있다. 이것이 JEDP 편집가설이다(p. 174 'JEDP 편집가설' 참조).

그러나 성경이 역사를 인위적으로 재구성했다는 사실적 증거는 어디에서도 찾아볼 수 없다. 진화론에 기초한 상투적인 허구일 뿐이다. 이러한 주장에는 역시 역사 초기에 살던 사람들은 그런 글을 쓸 수 없었을 것이라는 생각이 내포되어 있다.

반대로 성경 이야기를 역사의 기록이라고 믿는 학자들은 다음 몇 가지를 지적한다.

첫째, 성경은 교훈을 주기 위해 특별히 만들어진 이야기에 대해서는 비유임을 분명히 밝히거나(눅 8:11, 15:3, 18:1, 9), 혹은 해당 이야기를 문자 그대로 해석하면 안 된다고 경고한다(삿 9:8~20).

둘째, 성경 어디에도 창세기의 에덴동산 이야기가 비유나 우화라고 암시하거나 언급한 곳이 없다.

셋째, 신약에서 아담은 9회, 하와는 4회 언급하고 있는데 모두 실존 인물로서 묘사하고 있다. 일례로, 사도 바울은 "아담이 먼저 지음을 받고 하와가 그 후"(딤전 2:13)라고 말하며, "또 남자가 여자를 위하여 지음을 받지 아니하고 여자가 남자를 위하여 지음을 받은 것"(고전 11:9)이라고 덧붙여 설명하고 있다.

넷째, 성경의 기록자는 에덴과 연관된 열다섯 가지 지질학적 사실들을 언급하면서 그중 열한 가지를 현재 시제로 기록했다. 다음 구절을 예로 들 수 있다.

> [10]강이 에덴에서 흘러 나와 동산을 적시고 거기서부터 갈라져 네 근원이 되었으니 [11]첫째의 이름은 비손이라 금이 있는 하윌라 온 땅을 둘렀으며 [12]그 땅의 금은 순금이요 그 곳에는 베델리엄과 호마노도 있으며 [13]둘째 강의 이름은 기혼이라 구스 온 땅을 둘렀고 [14]셋째 강의 이름은 힛데겔이라 앗수르 동쪽으로 흘렀으며 넷째 강은 유브라데더라(창 2:10-14)

현재 비손, 하윌라, 기혼, 구스가 어디인지, 과거에는 어디였는지 정확히 알려진 바가 없다. 그러나 당시 기자에게는 이 강들이 매우 분명한 현실이었다.

에덴동산이 실제로 존재했던 곳임을 믿게 하는 이유들이 많다. 결론적으로, 창세기의 다른 장들과 마찬가지로 에덴동산 이야기 또한 신화가 아니라 역사임에 분명하다.

● ○

창세기가 태초에 있었던

참된 사건을 설명해 주고 있다면,

계시록까지 성경의 모든 말씀을

확신하고 참된 것으로 받아들여도 좋다.

PART 3

노아의 홍수와
새 언약

"노아의 홍수는 정말로 전 지구적인 홍수였을까? 모든 동물들이 짝지어 들어간 방주의 크기는 대체 얼마나 컸을까?" 이와 같은 질문에 대한 과학적인 답을 찾고, 홍수 이후에 바뀐 세계에 대해서 이야기를 나눌 것이다.

chapter 10

심판 위에 은혜

　사람의 죄악이 세상에 가득하고, 마음에 생각하는 모든 계획이 악할 뿐임을 보신 하나님은 "땅 위에 사람 지으셨음을 한탄하사 마음에 근심"(창 6:6)하셨다. 결국 물로 심판하기로 하셨지만 노아만큼은 하나님께 은혜를 입었다. 하나님의 명령을 받은 노아는 가족과 함께 방주를 제작했는데, 모든 혈육 있는 생물들이 짝지어 방주에 올라 생명을 보존하게 될 것이다.

　그런데 그 많은 동물들이 어떻게 방주에 다 들어갈 수 있었을까? 본 장에서는 이 질문을 하나하나 풀어 볼 것이다.

인간의 포악함에 하나님이 한탄하시다

> ³ 여호와께서 이르시되 나의 영이 영원히 사람과 함께하지 아니하리
> 니 이는 그들이 육신이 됨이라 그러나 그들의 날은 백이십 년이 되
> 리라 하시니라 ⁴ 당시에 땅에는 네피림이 있었고 그 후에도 하나님
> 의 아들들이 사람의 딸들에게로 들어와 자식을 낳았으니 그들은 용
> 사라 고대에 명성이 있는 사람들이었더라(창 6:3-4)

위 구절은 두 가지로 해석할 수 있다. 첫째, 사람들이 회개하지 않으면
120년 후에 약속대로 세상을 심판하시겠다는 경고다. 노아 나이 600세
때 홍수가 닥쳤으므로(창 7:6), 이 말씀을 들을 때는 120년 전인 480세였을
것이다.

둘째, 이때부터 인간 수명이 최대 120세까지로 제한되었다는 것이
다. 노아는 500세가 된 후에야 셈과 함과 야벳을 낳았다(창 5:32). 따라서
500세 이후 어느 시점에서 방주를 만들라는 하나님의 명령을 받은 것
으로 추정할 수 있다.

성경 기록에 의하면, 노아의 홍수 이후 인간 수명이 현저히 줄어들었
다. 아마도 대홍수로 인해 지구 환경이 크게 변화되었기 때문일 것이다.

> ⁵ 여호와께서 사람의 죄악이 세상에 가득함과 그의 마음으로 생각하는 모
> 든 계획이 항상 악할 뿐임을 보시고 ⁶ 땅 위에 사람 지으셨음을 한탄하사

마음에 근심하시고 7 이르시되 내가 창조한 사람을 내가 지면에서 쓸어버리되 사람으로부터 가축과 기는 것과 공중의 새까지 그리하리니 이는 내가 그것들을 지었음을 한탄함이니라 하시니라 8 그러나 노아는 여호와께 은혜를 입었더라(창 6:5-8)

하나님은 인간을 창조하신 것을 왜 한탄하고 근심하셨을까? 창세기 3장부터 6장에 이르기까지 사람이 점점 더 악해졌기 때문이다. 에덴동산에서 아담이 하나님의 명령에 불순종하는 죄를 처음으로 지었다. 그 결과 세상에 죽음이 들어왔고, 아담과 하와는 에덴동산에서 추방되었다. 아담의 아들 가인이 동생 아벨을 죽이는 첫 번째 살인이 일어났다. 그리고 가인의 후손 라멕은 두 아내를 맞이함으로써 하나님의 가정에 대한 이상을 저버렸다. 심지어 자신에게 상처를 입힌 남자를 죽였고 자기를 해치는 사람은 77배의 벌을 받을 것이라고 노래했다. 그는 스스로를 높이는 교만에 빠졌다. 급기야 세상은 사람의 죄악으로 가득 차게 되었다.

19세기 무렵 사람들은 인간이 풍요와 번영과 평화의 새로운 시대로 향하고 있다고 믿었다. "과학으로 풀지 못할 일이 없다"는 교만이 세상에 관영했다. 그때 제1차 세계대전(1914-1918)이 일어났다. 선진국들이 야만인처럼 서로 죽이고 싸우는 동안 꿈은 산산조각 났다. 전쟁이 끝난지 얼마 지나지 않아 제2차 세계대전(1939-1945)이 또 일어났다. 21세기에 들어선 지금도 세계 곳곳에서 전쟁이 계속되고 있다.

우리나라가 경제적으로 예전보다 형편이 나아진 것은 사실이다. 그러나 그렇다고 해서 마음의 형편까지도 좋아졌는가? 발전한 만큼 선한 성품을 가지게 되었는가? 이 시대가 노아의 시대보다 도덕적으로 진일보했다고 말할 수 있는가? 죄악이 덜하다고 느끼는가?

바로 여기에 현대 과학이 풀 수 없는 문제가 있다. 인간 내면에 있는 '근본적인 악함'의 문제 말이다.

> [11] 그때에 온 땅이 하나님 앞에 부패하여 포악함이 땅에 가득한지라 [12] 하나님이 보신즉 땅이 부패하였으니 이는 땅에서 모든 혈육 있는 자의 행위가 부패함이었더라 [13] 하나님이 노아에게 이르시되 모든 혈육 있는 자의 포악함이 땅에 가득하므로 그 끝 날이 내 앞에 이르렀으니 내가 그들을 땅과 함께 멸하리라(창 6:11-13)

성경은 온 땅이 부패했을 뿐 아니라 모든 혈육 있는 자의 포악함이 땅에 가득했다고 기록한다. 그러나 인간의 악한 행위에 대해서는 자세히 설명하지 않고 있다. 홍수 이후 인간이 저질러 온 포악한 폭력의 역사를 되짚어 봄으로써 그 의미를 살펴보자.

첫째, 죽음의 향연이 계속되어 왔다. 로마제국 시대에 노예 신분인 검투사들은 경기마다 짝을 지어 어느 한쪽이 죽을 때까지 싸워야 했다. 몇 만 명이 죽음의 결투를 관람하였다. 특히 율리우스 카이사르(Julius Caesar)는 투기대회를 정치 선전의 장으로 활용했는데 기원전 65년에 검투사를 640명이나 모아서 대규모 대회를 열었고, 기원전 46년에는 1,200명의 검투사를 끌어 모아 초대형 대회를 개최하기도 했다.

요세푸스의 《유대전쟁사》에 의하면, 예루살렘을 함락시킨 로마 황제 티투스(Titus)는 셀 수 없이 많은 유대인들을 십자가에 매달았다. 또한 콜로세움 완공을 기념하여 무려 100일 동안 1만여 명의 검투사가 맹수들과 혈투를 벌이도록 했다. 그 과정에서 9천여 명이 목숨을 잃었다. 기원후 107년 트라야누스(Trajanus) 황제는 다키아 전쟁(The Dacian Wars)의 승전을 축하하기 위해 검투사 5000쌍과 그보다 많은 1만 1,000마리의 동물을 동원하여 무려 123일 동안 경기를 열었다.

로마제국은 '서로 죽이는 경기'를 오락으로 즐겼다. 한 역사가는 원형극장의 투기로 한 달에 2만~3만여 명이 목숨을 잃었다고 추산하였다. 어떤 전쟁도 검투사들의 경기처럼 그렇게 많은 사상자를 낸 예가 없다.

둘째, 잔인한 전쟁은 따뜻한 보금자리를 철저하게 파괴해 왔다. 칭기즈칸(Chingiz Khan)이 이끄는 몽골 군대는 적의 오른쪽 귀를 전리품으로 챙기곤 했다. 1241년 몽골의 침략에 대항하던 슐레지엔(Schlesien) 대공 헨리크 2세(Henryk II)가 전사하자 그의 부하들의 시체에서 오른쪽 귀를 잘라 부대에 넣었는데 무려 아홉 자루나 채웠다고 한다.

1258년 칭기즈칸의 손자 훌레구 칸(Hulegu Khan)이 이끄는 몽골군이 바그다드를 함락시키고, 이슬람 제국의 최고 통치자인 칼리프를 양탄자에 둘둘 말아서 발로 차 죽였다. 일주일 동안 도서관을 약탈하고 사원에 불을 질렀으며 귀중한 예술품들을 닥치는 대로 파괴하고 약탈하는 한편 수십만 명을 학살했다.

우리나라도 몽골군에 의해 큰 피해를 입었다. 몽고 침입 시 고려 인구의 10분의 1이 한반도 밖으로 끌려 나간 것으로 추산된다.

셋째, 신에게 인간을 제물로 바친 역사가 있다. 멕시코의 아즈텍 문명은 인신공양(人身供養)으로 유명하다. 태양신을 숭배한 아즈텍인들은 태양이 사멸하고 우주가 멸망하는 것을 막기 위해 인간을 제물로 바치는 의식을 대규모로 행했다. 태양신에게 인간의 피와 심장을 바침으로써 신에게 활력을 주어야만 왕국을 유지할 수 있다고 믿은 것이다. 산 제물을 끊이지 않고 계속 바치기 위해서 전쟁 포로들을 잡아다가 살아 있는 채로 가슴을 열어 심장을 꺼냈다. 1년에 약 2만 명이 희생되었으며, 제물이 될 포로를 잡기 위한 전쟁을 '꽃의 전쟁'이라고 불렀다.

포로를 잡은 사람과 동료들은 단 밑에서 시체가 떨어지기를 기다리고 있다가 떨어지면 집으로 가져가 요리하여 먹었다. 희생자들의 두개골은 십자형 나무틀에 끼워 달리거나 탑처럼 쌓아 올려졌다.

이와 같이 끔찍한 일은 페루, 잉카, 고대 이집트, 메소포타미아, 로마, 중국 등 대부분의 고대 문명 발상지에서 일어났던 것으로 알려졌다. 성경에서도 그 예를 찾아볼 수 있다.

또 그들이 바알을 위하여 산당을 건축하고 자기 아들들을 바알에게 번제로 불살라 드렸나니 이는 내가 명령하거나 말하거나 뜻한 바가

아니니라(렘 19:5)

예수의 복음 없이 자기 자신을 의지하는 인간은 천성적으로 잔인하기 때문에 노아의 홍수가 일어나기 전에는 세상이 훨씬 더 폭력적이고 잔인했을 것이다.

어떤 사람은 노아의 홍수가 전 지구적으로 일어난 게 아니라 중동 지역에 한해서 일어났을 것이라고 생각한다. 그러나 성경은 하나님이 "사람으로부터 가축과 기는 것과 공중의 새까지" 모두 깨끗하게 쓸어 버리려고 작정하셨음을 보여 준다. 이것은 "그때에 세상은 물이 넘침으로 멸망"(벧후 3:6)하였다는 베드로의 증언과도 일치한다.

인류 화석이 중국, 인도네시아, 프랑스, 남아프리카 등 세계 곳곳에서 발견되는 것으로 보아 홍수 전에 이미 인류가 널리 퍼져서 살고 있었다는 것을 알 수 있다. 하나님이 말씀하신 대로 모든 사람을 지면에서 쓸어버리기 위해서는 물이 온 지구를 덮었어야만 했을 것이다.

대홍수로 인해 사람과 동물뿐 아니라 수도 없이 많은 식물들이 익사했다. 육생식물이나 수생식물이 매몰된 후 엄청난 열과 압력을 받아 석탄이 되었다. 최근까지 과학자들은 석탄이 된 식물들이 약 5억 년에서 5천만 년 전의 것이라고 생각해 왔다. 그러나 미국의 힐(Hill) 박사는 실험을 통해 석탄이 매우 짧은 시간 안에 목재에서 형성될 수 있음을 증명해 냈다. 거대한 석탄층은 노아의 홍수 동안 형성되었다는 것이 가장 적절한 설명이다.

생명은 방주에 담고 땅에는 흔적을 남기시다

> ¹⁴ 너는 고페르 나무로 너를 위하여 방주를 만들되 그 안에 칸들을 막고 역청을 그 안팎에 칠하라 ¹⁵ 네가 만들 방주는 이러하니 그 길이는 삼백 규빗, 너비는 오십 규빗, 높이는 삼십 규빗이라(창 6:14-15)

'고페르'는 성경에서 단 한 번 언급되었는데, 어떤 나무였는지 확실히 알 수는 없다. 고대인들이 배를 만들 때 사용했던 삼나무의 일종인 상록침엽수 사이프러스(cypress)일 가능성이 가장 높다. 알렉산더 대왕(Alexander the Great)이 이 나무를 사용하여 배를 건조했으며, 1593년에 완공된 로마 바티칸 성 베드로 대성당(Basilica of St. Peter)의 삼나무는 지금까지도 썩지 않고 남아 있다.

역청, 즉 아스팔트는 어디에서 났을까? 아스팔트는 석유를 정제하고 나서 남는 검은색 물질이다. 그래서 어떤 사람들은 노아의 홍수 이전에 이미 동물들의 대대적인 죽음이 있었다고 주장하기도 한다. 그러나 나무에서 채취한 송진을 끓여서 숯가루와 배합해도 좋은 품질의 역청을 얻을 수 있다는 사실이 밝혀졌다. 노아 시대에도 이러한 방법을 쓰지 않았을까 추측한다. 이렇게 생각하는 또 다른 이유는 역청의 히브리 원어 카파르(כָּפַר)가 '덮다, 보호하다'라는 뜻과 함께 '나무진'이란 뜻도 있기 때문이다. 아마도 고페르 나무에서 진을 내어 역청을 만들었던 것으로 보인다. 노아는 석탄이나 석유 없이도 나무에서 송진을 채취하여 끓인 후에 숯가루를 섞어 역청을 만드는 법을 알았고, 그렇게 해서 얻은 역청을 방주에 발라 물이 들지 않도록 방수 처리했을 것이다.

방주는 항해를 위한 배라기보다는 물 위에 잘 떠 있을 수 있도록 설계된 나무상자라고 하는 게 더 적합하다. 1844년 영국 엔지니어 이삼바드 킹덤 브루넬(Isambard Kingdom Brunel)이 설계한 그레이트브리튼(SS Great Britain)호는 길이 98m, 너비 15.5m에 높이가 9.9m였다. 브루넬은 이 배를 설계하는 데 영국의 1,000년 조선 기술을 사용했다

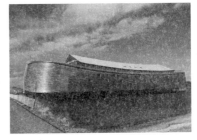

노아의 방주

고 말하지만 실은 노아의 방주의 뒤를 이은 것이라고 할 수 있다. 왜냐면 방주 길이는 높이의 약 10배, 너비의 6배 정도였는데, 이 비율이 그레이트브리튼호와 거의 똑같기 때문이다. 1규빗(cubit)을 48cm로 계산하면 방주는 길이가 약 137m, 너비가 약 22.5m, 높이가 약 13.5m였던 것으로 보인다.

바빌로니아도 홍수 신화가 있다. 그러나 바빌로니아 신화에 등장하는 방주는 구전으로 전해져 내려온 탓에 각각의 치수가 불분명하다. 반면에 노아의 방주는 성경에 치수가 분명히 기록되어 있다. 이것은 전설과 역사 사이의 차이를 말해 주는 훌륭한 예다. 특히 항해 민족이 아닌 히브리인 노아가 후대에 노련한 선박 기술자들이 사용한 것과 일치하

는 비율로 배를 만들었다는 것은 불가능에 가까운 일이다. 기록으로 남은 이 일이 어떻게 역사가 아니란 말인가?

노아와 그의 아들들은 어떻게 해서 그렇게 거대한 배를 만들 수 있었을까? 방주의 배수량이 약 2만t이었던 것으로 추정된다. 두 가지를 가정해 볼 수 있다. 첫째, 노아도 욥처럼 수십 명의 하인을 거느렸을 것이다(욥 1:3). 둘째, 특별한 운반 기술을 가지고 있었을 것이다.

대홍수 이후 고대 문명사회는 거대 규모의 건축물을 짓는 데에 특별한 기술을 가지고 있었다. 이집트 카이로 근처 기자 지구의 3대 피라미드 중 쿠푸 왕의 피라미드에만 2.2t짜리 석회암이 약 270만 개, 총 600만t이 사용되었다. 높이가 146m에 달하고, 맨 밑단의 각 변이 230m로 거의 완벽한 정사각형을 이루고 있다. 또 영국 솔즈베리 평원에 있는 스톤헨지는 도랑을 파서 만든 커다란 원형 광장이다. 광장을 가로지르는 중심축이 하지와 동지 때 일출과 일몰의 위치와 일치하도록 세운 50t의 돌들을 어떻게 운반해 왔는지가 미스터리다. 그외에 이란에서 아일랜드에 이르기까지 수많은 고대 건축물들이 그 시대 사람들이 놀라울 정도로 능력이 있는 기하학자요 기술자였음을 입

쿠푸 왕의 피라미드

증해 준다. 이런 점들로 미루어 볼 때 노아도 당시의 기술로 커다란 배

를 지을 수 있었을 것이다.

> ¹⁹ 혈육 있는 모든 생물을 너는 각기 암수 한 쌍씩 방주로 이끌어들여 너와 함께 생명을 보존하게 하되 ²⁰ 새가 그 종류대로, 가축이 그 종류대로, 땅에 기는 모든 것이 그 종류대로 각기 둘씩 네게로 나아오리니 그 생명을 보존하게 하라(창 6:19-20)

방주가 아무리 커도 혈육 있는 모든 생물 즉 짐승을 한 쌍씩 실을 수 있었을까? 대답은 간단하다. 가능하다! 매우 보수적으로 간단하게 계산해 보자.

현생 포유류	5,500종, 1,040속, 140과
조류	10,000종, 2,200속, 220과
파충류와 양서류	13,000종, 1,400속, 150과
총	28,500종, 4,640속, 510과

2만 8,500종이 한 쌍을 이루어야 하니 방주에 최소 5만 7,000마리의 생물이 들어가야 한다. 양이 동물의 총 평균 크기라고 가정할 때, 방주는 약 12만 5,280마리의 양을 수용할 수 있다. 5만 7,000마리보다 두 배 이상 많은 동물을 방주에 태울 수 있다. 그러나 실제로 동물의 평균 크기는 양보다 훨씬 작다. 따라서 넓은 여유 공간에 노아의 가족과 지금

은 멸종된 동물 그리고 식량 등을 실을 수 있었을 것이다.

다른 한편 이렇게 말할 수도 있다. 과학에서 분류하는 종과 창세기에 기록된 종류는 다르다고 앞서 밝힌 바 있다. 적게는 500에서 많게는 5,000종류로 추정된다고 했는데, 왜냐하면 성경이 말하는 종류는 생물학적 분류상 과나 속에 해당될 수 있기 때문이다. 속으로 본다면 4,640속이 한 쌍씩 필요하므로 약 1만 마리, 과로 본다면 510과가 한 쌍씩이므로 약 1,000여 마리가 될 것이다. 따라서 실제로는 생물학적 분류인 2만 8,500종보다 10분의 1 이하로 적은 종류의 생물이 방주에 탔을 것으로 보인다.

방주에 대해 두 가지는 확실하다. 첫째, 노아 시대에 살았던 모든 생물을 한 쌍씩 수용할 만한 충분한 공간이 방주에 있었다는 것이다. 참고로, 창세기 7장에서 하나님이 "정결한 짐승은 암수 일곱씩, 부정한 것은 암수 둘씩" 태우라고 말씀하셨지만 정결한 동물은 그 수가 적다. 둘째, 아담이 하나하나 이름 붙인 동물들을 보존하고자 하신 하나님의 온유하신 목적이 달성되었다는 것이다.

노아는 어떻게 모든 동물들을 방주에 태울 수 있었을까? 하나님이 그에게로 데려오셨을 뿐 그가 한 일은 없었다. 하나님이 노아에게 동물들이 "네게로 나아오리니"(창 6:20)라고 말씀하신 대로다.

기적, 본능, 법칙

과학자들은 동물의 특별한 행동을 설명하기 위해 '본능'이라는 용어를 사용하곤 한다. 예를 들어, 제비와 같은 철새가 계절마다 장거리 이동하는 것을 본능에 따른 행동이라고 설명한다. 그러나 실은 "제비나 철새가 왜 이주하는지 잘 모른다"는 말의 다른 표현이 아닐까?

더욱 좋은 설명은 "하나님이 제비의 혼을 통해 지혜와 본능을 주셨기 때문에 이주한다"는 것이다. 본능은 대부분 정상적이고 일정한 생활 습관을 갖도록 주어진다. 그러나 창조주 하나님이 특별한 목적을 가지고 어떤 동물에게 특정한 장소로 이주하는 본능을 심어 주실 수 있을 것이다.

곤충에게도 이주 본능이 있다. 그중 '작은멋쟁이나비'(vanessa cardui)는 아프리카 사하라 북쪽에서 겨울을 보낸 후 지중해를 거쳐 유럽으로 건너가서 알을 낳는다. 어미 나비들은 유럽에서 죽고, 알에서 깨어난 나비들은 가을이 오면 안내자 없이도 북아프리카로 다시 날아간다. 이러한 일이 오직 한 번만 일어난다면 우리는 그것을 기적이라고 부를 것이다. 그러나 지속적으로 일어난다면 본능이라는 표현을 쓸 수밖에 없다.

작은멋쟁이나비

마찬가지로 태양계 행성들이 지금과 같은 궤도로 단 한 번만 돌았다면 기적이겠지만, 수천 년 동안 정확하게 운행되었으니 법칙이라고 불러야 한다. 하나님이 모든 동물을 노아에게로 이끄신 일은 오직 한 번 일어났기 때문에 기적이라고 할 수 있다. 반면에 진화는 참으로 어마어마한 기적들의 연속이다(p. 171 '창조론보다 더 큰 믿음을 요구하는 진화론' 참조).

노아의 홍수 이전에는 온 지구가 온난한 아열대성 기후였던 것으로 추정된다. 따라서 모든 종류의 곤충과 동물들이 세계 전 지역에 골고루 퍼져 살았을 것이다. 대홍수 이후 대격변기의 대륙 이동[1]이 발생하기 전이므로 한데 모여 살았을 가능성도 매우 높다. 이러한 주장에는 신비한 증거들이 있다.

첫째, 지구 전역에서 공룡 화석을 발견할 수 있다. 공룡은 변온동물인 파충류였던 것으로 추정된다.

둘째, 북유럽 발트해 연안에서 5kg 크기의 호박 화석이 발견되었는데 그 속에 여러 곤충과 꽃들이 보존되어 있었다. 날개며 더듬이, 털 하나하나까지 형태가 그대로 유지된 상태였다. 호박 속에서 발견된 곤충들은 현재에도 볼 수 있는 것들이어서 생물학적 분포 또한 확인할 수 있다. 이것들이 지구 전역에 퍼져 있었음을 알아낸 것은 매우 놀라운 일이다.

셋째, 미국과 유럽 동굴에서 발견된 동물 뼈들 중에 대륙을 넘나드는 종류가 섞여 있는 것이 발견되었다. 미국 메릴랜드 주 컴버랜드의 변두리에 있는 윌스 산(Wills Mountain) 동굴에서 동물뼈 화석이 다량 발

---

1 《큰 깊음의 샘들이 터지며》, 한국창조과학회, 세창미디어, 2012, 290쪽

견되었다. 건조지대에서 서식하는 코요테와 오소리, 물에 사는 비버와 사향뒤쥐, 캐나다에서만 볼 수 있는 회색 큰곰, 남미에 서식하는 맥, 아프리카의 영양, 건조한 초원에서 사는 이리 등이 한곳에서 발견된 것이다. 또 다른 화석 무덤에서는 낙타, 코뿔소와 함께 지금은 아프리카나 아시아 외에는 볼 수 없는 거대한 수퇘지가 발견되었다.

1837년에 발견된 영국 요크셔데일스국립공원(Yorkshire Dales National Park)의 빅토리아 동굴에서는 회색 곰, 들소, 순록, 하이에나를 비롯하여 시베리아에서 서식했던 매머드와 아프리카에서 서식하는 하마 등의 뼈가 한자리에서 발견되었다. 이것은 모든 종류의 동물들이 적어도 한 쌍씩 노아가 살았던 지역에서 멀지 않은 곳에서 살고 있었음을 시사한다. 따라서 하나님이 동물들을 방주로 인도하시는 것은 어려운 일이 아니었을 것이다.

> 너는 먹을 모든 양식을 네게로 가져다가 저축하라 이것이 너와 그들의 먹을 것이 되리라(창 6:21)

이것은 굉장한 작업량이지만 초기 문명인의 능력을 넘어선 정도는 아니다. 우리는 요셉 이야기를 통하여 고대 이집트인들이 적어도 7년치 곡물을 저장하는 방법을 알고 있었음을 알 수 있다(창 42장).

아마도 방주에 있을 동안 대부분 동물들의 주식은 곡물이었을 것이다. 대홍수 이후 음식물 저장 기술이 더욱 널리 사용된 것으로 보인다.

약 3000여 년 전 이집트 벽화를 보면 말린 고기를 소금이 가득 찬 항아리에 저장하는 모습이 그려져 있다. 미 대륙 원주민들은 수 세기 전부터 육류와 옥수수를 말리는 기술을 갖고 있었고, 일본은 말린 쌀로 중국은 마른 계란으로 유명했다.

노아와 그 아들들이 모든 동물들의 양식을 방주에 저장할 수 있었다는 믿을 만한 증거는 충분하다. 대규모로 양식을 조달하는 것은 고대사회에서 낯선 일이 아니었다.

> 노아가 그와 같이 하여 하나님이 자기에게 명하신 대로 다 준행하였더라(창 6:22)

복종하는 신앙의 모습이 가장 주목할 만하다. 노아가 그랬듯이 아브라함도 하나님의 말씀에 복종하여 복의 근원이 되었다. 어쩌면 노아는 비를 본 적도 없었을지 모른다(창 2:5). 그는 바다에서 수백 km 떨어진 곳에서 살았을 것이다. 그런데도 불구하고 그는 하나님의 말씀에 순종하여 마른 땅 위에서 즉시 거대한 배를 짓기 시작했고, 주변 이웃들의 조롱과 불신을 받으면서도 꾸준히 실행해 나갔다.

하나님은 왜 하필이면 홍수를 사용하셨을까? 왜 히스기야의 기도를 듣고 하룻밤 사이에 앗수르 군사 18만 5,000명을 치셨던 것처럼 하시지 않았을까(왕하 19:35)? 만약 그렇게 하셨더라면 노아는 많은 시간을 들이지 않아도 되었을 것이고 극심한 고통도 면할 수 있었을 텐데 말이다. 그에 대한 중요한 이유로 두 가지 정도를 들 수 있을 것이다.

첫째, 하나님은 피조물 중에 어떤 것도 미워하는 일이 없으시다. 따라서 항상 시간을 충분히 두고 앞서 경고하시며 모든 피조물이 구원받기를 원하신다. 노아가 마른 땅 위에서 짓고 있던 방주는 지금의 교회처럼 세상에서 놀림감이 되었음에 틀림없다. 그러나 세월이 흐름에 따라 세상은 이 우둔한 계획에 대해 들었을 것이다.

둘째, 하나님은 사람에게 죄에는 끔찍한 형벌이 뒤따름을 환기시키기 위하여 지표면에 역사적인 흔적들을 남겨 놓길 원하셨다. 화석이 바로 그 흔적이다. 대홍수로 인해 동물 수백만 마리가 익사하거나 질식사했으며 갈가리 찢겨 죽임을 당했다.

"죄의 삯은 사망"이라는 분명한 메시지를 보여 주신 것이다.

노아의 홍수는
신화인가 역사인가

노아의 홍수가 얼마나 중요한 사건인지 우리나라 역사와 비교하여 생각해 보자. 만약 어떤 사람이 조선시대부터 현재까지를 900쪽에 걸쳐 책을 썼다고 하자. 그중 어느 사건에 대한 기록이 112쪽에 달한다면 우리는 저자가 이 사건을 매우 중요하게 생각하고 있음을 알 수 있지 않은가? 창세기의 20분의 1이 노아의 홍수가 일어난 1년에 할당되어 있다. 그만큼 매우 중요한 사건이라는 뜻이다.

노아의 홍수는 실제로 일어난 일인가? 사진이나 TV가 없었던 과거에 일어난 일을 어떻게 알 수 있는지 생각해 보라. 우리는 로마의 카이사르가 기원전 44년 3월 15일에 브루투스와 원로원 공화정 옹호파에게 암살된 사건을 알고 있다. 당시 사건 현장을 담은 사진이 있는 것도 아니고, 영상도 없다. 그러나 사람들은 이 사건을 역사적인 사실로 믿는다.

"브루투스, 너마저!"라는 카이사르의 유언이 얼마나 유명한가. 그의 말을 녹음한 테이프가 있는 것도 아닌데 말이다. 바로 셰익스피어(Shakespeare)가 카이사르 암살 사건을 희곡으로 썼기 때문에 알려진 것이다. 셰익스피어는 카이사르 사후 약 90년이 지난 뒤에 태어난 그리스 역사가 플루타르코스(Plutarchos)가 남긴 기록에서 정보를 얻었다. 결국 우리는 약 400년 전 한 영국 작가가 쓴 희곡을 읽고 2000여 년 전에 로마에서 일어났던 일을 사실로 받아들인 것이다.

홍수에 대해서는 어떠한가? 노아의 홍수가 실제로 일어났다는 증거는 카이사르의 암살보다 그 증거가 더욱 뚜렷하다. 홍수의 증거는 예수 그리스도 이전의 어떤 고대 역사보다도 더 믿을 만하다고 할 수 있다.

인류를 전멸시키다시피 했던 거대한 홍수 이야기는 지구 전역에서 찾아볼 수 있다. 방주가 상륙한 것으로 알려진 아라랏 산에서 가까운 지역들에서 그 묘사가 더욱 세밀하다. 페르시아, 인도, 미얀마, 인도네시아, 타히티, 하와이, 중국, 일본, 시베리아, 오스트레일리아, 뉴질랜드, 뉴기니, 알래스카, 남아메리카, 이집트, 수단, 나이지리아, 콩고, 남아프리카, 그리스, 아이슬란드, 리투아니아, 핀란드, 웨일즈 그리고 아일랜드 등 넓은 지역에서 변형된 형태로 이야기가 전해져 오고 있다. 과연 "노아의 이 세 아들로부터 사람들이 온 땅에 퍼지니라"(창 9:19)는 말씀과 일치한다.

홍수신화는 성경이 전 세계에 보급되기 전부터 이미 수세기에 걸쳐 수십 가지 부족 언어로 전해져 내려왔다. 영국의 인류학자 프레이저

(Frazer)는 아메리카 대륙의 거의 모든 원주민 종족들이 대홍수를 주제로 한 신화를 가지고 있다고 설명했다.

남미의 아즈텍 문명은 최초의 창조가 1,716년 동안 지속되다가 대홍수로 파괴되었다고 전한다. 1,716년은 창세기 5장에 등장하는 계보의 나이를 합한 1,656년과 불과 60년 차이가 나타난다. 남아프리카의 호텐토트(Hottentot) 족은 자신들이 노(Noh)라는 조상으로부터 비롯되었는데, 홍수 때 누우(Nu-u)와 그의 가족만이 구원받았다는 신화를 갖고 있다.

한편 그리스 신화는 데우칼리온(Deucalion)이 피라(Pyrrha)와 결혼하여 그리스인의 조상 헬렌(Hellen)을 낳았는데, 제우스가 인류를 홍수로 멸망시키려고 했을 때, 방주를 만들어 아내와 함께 파르나소스 산에 도착했다는 이야기를 전한다. 그리고 큰 배를 뜻하는 한자 船(선)은 여덟 팔(八)과 입을 가진 사람을 뜻하는 구(口)에 배 주(舟)를 합한 글자로 여덟 명이 탄 큰 배라는 뜻이다. 노아와 그의 가족이 바로 여덟 명이었다.

이 외에도 노아의 홍수가 실제로 일어났다는 증거들이 많다.

현미경 Talk 22

노아의 방주에
공룡도 탔을까?

많은 사람들이 덩치가 큰 공룡도 노아의 방주에 탔는지 궁금해한다. 욥기에서 공룡의 흔적을 찾아볼 수 있다.

> ¹⁵ 이제 소같이 풀을 먹는 베헤못을 볼지어다 내가 너를 지은 것같이 그것도 지었느니라 ¹⁶ 그것의 힘은 허리에 있고 그 뚝심은 배의 힘줄에 있고 ¹⁷ 그것이 꼬리 치는 것은 백향목이 흔들리는 것 같고 그 넓적다리 힘줄은 서로 얽혀 있으며(욥 40:15-17)

하마처럼 꼬리치는 것이 백향목이 흔들리는 것 같은 모습의 베헤못(behemoth)은 공룡이었을 것으로 추정된다.

> ¹ 네가 낚시로 리워야단을 끌어낼 수 있겠느냐 노끈으로 그 혀를 맬 수 있겠느냐 ² 너는 밧줄로 그 코를 꿸 수 있겠느냐 갈고리로 그 아가미를 꿸 수 있겠느냐(욥 41:1-2)

또한 리워야단(leviathan)은 아가미를 가진 악어라고 할 수 있는데, 지금의 악어와는 다른 생물로 해양 척추동물인 어룡(Ichthyosauria)을 가리키는 것으로 생각된다.

이런 생각도 가능하다. 덩치가 작은 어린 공룡들이나 알을 방주에 실었을 수도 있다. 악어의 경우, 어린 새끼는 성체에 비해 40배 내지 50배나 작다. 그러므로 아무리 덩치가 큰 공룡이라도 알에서 막 깨어 나왔을 때는 큰 도마뱀 정도였을 수 있다.

대개 거대 동물들은 선사시대에나 존재했을 것이라고 생각한다. 그러나 몇 가지 재미있는 예외가 있다. 1295년 중국 원나라에서 오랫동안 생활하다 귀국한 마르코 폴로(Marco Polo)가《동방견문록》에 마다가스카르 섬을 방문했던 이야기를 소개했다. 그곳 원주민들이 날개의 폭이 무려 45m인 커다란 새를 페르시아어로 '루크'(Rukh)라고 부른다고 기록했다. 그리고 1967년 10월 세계적인 명성의 다큐멘터리 잡지 〈내셔널지오그래픽〉(National Geographic)이 일명 코끼리새(elephant bird)로 추정되는 뼈들의 기사를 실었다. 이 새는 17세기에 이미 멸종된 것으로 알려졌는데, 키 2.7~3.4m에 몸무게 400kg 이상으로 거대했다. 알이 큰 것은 긴지름이 33cm, 짧은지름이 24cm에 이르고 부피가 약 9l 정도로 타

조 알의 6배 정도나 되었다. 방주에 실렸던 몇 종류의 커다란 새들이
대홍수 이후에 어느 땐가 멸종되었다는 증거가 된다.

chapter 11

전 지구적 대홍수

노아는 하나님의 말씀을 그대로 준행하여 방주를 완성하였고, 하나님은 노아에게 모든 동물들을 이끌어 방주에 오르게 하셨다. 그리고 노아에게 말씀하셨던 대로 큰 깊음의 샘들을 터뜨리고 하늘의 창문들을 열어 40일 동안 비가 쏟아지게 하셨다. 홍수가 시작된 것이다. 홍수는 1년하고도 열흘이 지난 후에 끝나게 된다.

땅에 있는 모든 생물을 멸하리라

너는 모든 정결한 짐승은 암수 일곱씩, 부정한 것은 암수 둘씩을 네게로 데려오며(창 7:2)

지금부터 칠 일이면 내가 사십 주야를 땅에 비를 내려 내가 지은 모든 생물을 지면에서 쓸어버리리라(창 7:4)

홍수가 일어나기 7일 전의 상황이다. 방주에 정결한 동물은 일곱 쌍, 부정한 동물은 두 쌍이 올라탔다. 어떤 사람들은 이 부분이 "혈육 있는 모든 생물을 각기 암수 한 쌍씩 방주로 이끌라"(창 6:19)고 하신 말씀과 상충된다고 말한다. 그러나 그렇지 않다.

노아가 여호와께 제단을 쌓고 모든 정결한 짐승과 모든 정결한 새 중에서 제물을 취하여 번제로 제단에 드렸더니(창 8:20)

레위기 11장에서 여호와 하나님이 모세와 아론에게 정결한 동물과 부정한 동물에 대해 설명하시는 장면을 볼 수 있다. 과학은 이 구분이 옳음을 증명해 준다. 하나님은 "굽이 갈라져 쪽발이 되고 새김질하는 것"은 정결하다고 하셨다. 여기에 해당되는 동물은 대개 풀을 먹는 초식동물이므로 사람과 양식을 가지고 경쟁할 일이 없다. 또 반추 행위로 풀을 더 잘 소화할 뿐 아니라 그 과정에서 타액과 소화액이 식물의 독을 중화시킨다. 그 외의 독은 밖으로 배설하니 사람이 먹기에 부정한 동물들보다 안전하기 때문에 정결하다고 할 수 있다.

고대 그리스어나 라틴어 번역들은 일곱 쌍에 동의한다. 또한 "모든 정결한 짐승은 암수 일곱씩, 부정한 것은 암수 둘씩"(창 7:2)과 "정결한 짐승과 부정한 짐승과 새와 땅에 기는 모든 것은 암수 둘씩"(창 7:8-9) 사이에는 실제 모순이 없다. 거의 모든 동물이 부정했기 때문에 기자는 일반적인 표현을 따라 "종류마다 한 쌍씩"이라고 기록했을 뿐이다. 2절이 구체적이라면 8~9절은 일반적으로 기술한 것이다.

> ¹¹ 노아가 육백 세 되던 해 둘째 달 곧 그 달 열이렛날이라 그 날에 큰 깊음의 샘들이 터지며 하늘의 창문들이 열려 ¹² 사십 주야를 비가 땅에 쏟아졌더라(창 7:11-12)

홍수 심판이 시작되었다. 성경은 어떤 상황도 극적으로 묘사하지 않고 매우 적은 형용사로 기술한다. 일례로 소돔과 고모라의 멸망은 40단어 정도로 묘사했다. 현대의 기자라면 그러한 엄청난 재난을 묘사하기 위해 4,000단어 이상 사용할 것이다.

홍수가 시작되던 때에 무슨 일이 일어났던 것일까? 때때로 상상을 그림으로 나타내는 것이 효과적일 때가 있다. 물론 증거에 기반을 둔 채로 말이다. 최악의 지진이나 쓰나미를 생각해 보라. 그것을 10배로 확대해 본다면 대홍수라는 격변이 얼마나 참혹했을지 상상할 수 있을 것이다.

40일 동안 계속해서 내린 비는 홍수 전에 지구를 두르고 있던 궁창 위의 물이 터진 결과였을 수 있다. "큰 깊음의 샘들"에는 아마도 바다 속 활화산도 포함되었을 것이다. 바다 밑 산맥을 해령(海嶺)이라고 한다. 대서양 해저에 있는 큰 해령이 대표적이다. 이런 해령들이 바로 깊음의 샘들이 터진 흔적일 것으로 생각된다. 지구 곳곳에 용암이 광대한 면적을 덮었던 흔적을 찾아볼 수 있다.

아마도 홍수 전에는 높이 1,200m를 넘는 산맥이 없었던 것으로 보인다. 왜냐하면 현재 가장 높은 산맥들인 안데스, 알프스, 히말라야 등은 화석을 가진 퇴적암으로 형성되어 있기 때문이다. 홍수가 덮었던 때, 아니면 홍수 이후에 이들 높은 산맥들이 해저로부터 치솟아 올랐고, 때문에 깊은 해양분지가 생겨 다량의 물을 담을 수 있게 되었을 것이다.

지금도 지구를 덮고 있는 물의 양을 보면 온 땅을 잠기게 할 수 있을 정도로 충분하다. 만약 지표면을 당구공처럼 매끈하게 만든다면 육지는 2,700m 깊이로 잠길 것이다.

물이 불어서 십오 규빗이나 오르니 산들이 잠긴지라(창 7:20)

15규빗은 약 6.5m에 해당된다. 따라서 지구상 모든 산이 최소한 6.5m 깊이로 물에 잠겼음을 알 수 있다. 노아는 이것을 어떻게 알았을까? 아마도 온갖 동물과 양식으로 묵직하게 적재된 방주는 높이 13m의 반 정도, 즉 6.5m만큼 물에 잠겼을 것으로 추측할 수 있다. 물의 깊이가 6.5m가 되지 않으면 방주는 좌초되고 말았을 것이다.

땅 위에 움직이는 생물이 다 죽었으니 곧 새와 가축과 들짐승과 땅

대홍수로 인해 땅 위의 모든 생물이 죽었다는 사실을 지지하는 과학적 증거는 매우 많다. 수많은 증거들 가운데 일부를 살펴보자.

스코틀랜드에서 스칸디나비아반도에 이르기까지 장장 160km나 되는 적색사암이 주체가 된 지층이 발달했는데, 이것을 구적색사암(old red sandstone)이라 한다. 어류화석이 특히 많이 산출되는데, 몰사한 듯이 몰려 있다. 그 모양을 보면 납작하게 눌렸거나 비틀렸거나 허리가 굽어져 있다. 갑자기 닥친 천재지변에 의해 공포에 가득한 모습으로 굳어져 버린 것으로 보인다. 세계 전역에 걸친 홍수로 인하여 수많은 물고기들이 진흙에 의해 압사했을 것이다.

또 거대한 공룡 무덤들이 세계 여러 지역에서 발견되었다. 미국 콜로라도 주에서 유타 주에 걸쳐 있는 다이너소어국립기념공원(Dinosaur National Monument)은 1,500여 개의 화석을 전시하는 일종의 공룡 무덤이다. 300마리 이상이 이 부근에서 익사한 것으로 보인다. 노아의 홍수 당시 공룡들은 평발에 몸집이 커서 기동력이 떨어져 쉽게 몰사했을 것으로 추정된다. 그에 비해 포유류는 공룡보다 민첩하여 동굴로 피하거나 높은 곳까지 도망갈 수 있었을 것이다.

전 세계에 걸쳐 다양한 화석들이 발견되는데 오늘날 새롭게 화석이 만들어지는 경우는 없다. 예를 들어, 성경을 통해서 3,000여 년 전에 팔레스타인 땅에 사자가 살았다는 사실을 알지만 그곳에서 사자의 화석이 발견되었다는 소식은 들어 본 적이 없다. 화석이란 죽은 후 순식간에 파묻혀서 갑작스런 압력을 받아야 만들어질 수 있기 때문이다. 즉 노아의 홍수와 같은 극히 예외적인 조건 아래에서만 형성될 수 있는 것이다.

홍수가 그치다

> 일곱째 달 곧 그 달 열이렛날에 방주가 아라랏 산에 머물렀으며
> (창 8:4)

노아의 방주가 멈춘 곳이 아라랏 산이다. 이 절은 매우 중요하다. 성경이 역사책일 뿐 아니라 지리책임을 보여 주기 때문이다. 다른 종교의 신화들이 "옛날 어떤 곳에 어떤 일이 일어나서"라는 식의 극히 모호한 표현들을 쓰는 것과 대조적이다.

아라랏 산은 터키 동부, 이란 북부, 아르메니아 중서부 국경에 위치한 산이다. 해발 5,137m의 큰 산과 해발 3,873m의 작은 산으로 구분되는 산세가 높고 험준한 지형의 휴화산이다. 아마도 이 때문에 히브리어 성경은 아라랏 산을 하르(הר)라는 단수형 대신 하레(הרי)라는 복수형으로 나타낸 모양이다.

모세는 이곳에서 약 1,280km나 떨어진 느보 산에서 죽었기 때문에

아라랏 산

생전에 아라랏 산을 봤을 가능성이 거의 없다. 만약 모세나 다른 유대인이 방주 이야기를 지어냈다면, 방주가 머문 곳으로 분명히 팔레스타인 지역에 있는 헤르몬 산을 꼽았을 것이다. 왜냐하면 헤르몬 산이 해발 2,814m로 근방에서 가장 높기 때문이다. 홍수신화를 가지고 있는 다른 나라들은 방주가 도착한 곳이 '거룩한 산'이었다고 전한다. 예를 들어, 그리스인들은 아테네에서 128km 떨어진 높이 2,454m의 파르나수스 산이 그곳이라고 말한다. 따라서 모세가 노아 또는 노아의 가족이 남긴 항해일지에서 아라랏 산이란 기록을 취했음에 틀림없다.

> 물이 점점 줄어들어 열째 달 곧 그 달 초하룻날에 산들의 봉우리가 보였더라(창 8:5)

방주가 그 지역에서 가장 높은 산의 정상이나 그 근처에서 멈추었고, 그보다 낮은 산들의 봉우리가 보였다는 뜻이다. 이것은 다음과 정확하게 들어맞는다.

첫째, 자비로우신 하나님이 노아의 가족과 방주에 탄 피조물들이 가능하면 빨리 물의 소용돌이로부터 피할 수 있게 하셨다는 사실이다. 하나님의 섭리가 아니고는 방주가 어떻게 해서 그 후 6개월 동안 이리저리로 표류하지 않았는지를 설명할 수 없다. 둘째, 아라랏 산은 서쪽으로 해발 약 1,600m의 낮은 산들과 긴 지역에 걸쳐 산길로 연결되어 있다는 것이다.

봉우리가 보이기까지 10주가 걸렸다. 지도는 이 봉우리들 중 가장 높은 것이 약 3,000m 정도였음을 보여 준다. 하루에 30m씩 물이 줄어들었는데 이것은 합리적인 것 같다. 아마도 그 몇 달 동안에 히말라야, 안데스, 알프스 등 거대한 산맥들이 바닷속에서 솟아올랐을 것이다. 시편 기자는 현대 과학으로써만 해석할 수 있는 사건을 이렇게 노래했다.

> [6] 옷으로 덮음 같이 주께서 땅을 깊은 바다로 덮으시매 물이 산들 위로 솟아올랐으나 [7] 주께서 꾸짖으시니 물은 도망하며 주의 우렛소리로 말미암아 빨리 가며 [8] 주께서 그들을 위하여 정하여 주신 곳으로 흘러갔고 산은 오르고 골짜기는 내려갔나이다(시 104:6-8)

노아도 이러한 광경은 직접 보지 못했을 것이다. 그런데 시편 기자가 어떻게 이런 묘사를 할 수 있었는지 놀라울 따름이다. 노아의 홍수 시기에 '산이 오르고 골짜기가 내려간' 지질학적 증거들이 무수히 많다. 산에서 발견되는 해양생물의 화석들은 그 땅이 바다에서 융기된 것임을 알려 준다. 산을 형성하고 있는 땅을 살펴보면 거대한 퇴적 지층과 습곡을 발견할 수 있다. 이들 역시 땅이 물에 잠겼다가 드러나게 된 흔적들이다.

> 저녁때에 비둘기가 그에게로 돌아왔는데 그 입에 감람나무 새 잎사귀가 있는지라 이에 노아가 땅에 물이 줄어든 줄을 알았으며(창 8:11)

아마도 감람 잎, 즉 올리브 잎은 보다 낮은 산의 꼭대기에서 진흙 속에 파묻혀 있다가 다시 싹을 낸 가지에서 취해졌을 것이다. 올리브는 어떤 토양에서건 잘 자라고, 산불이나 가뭄 또는 질병 같은 처절한 조건에서도 살아남을 정도로 매우 강인한 나무다.

> [13]육백일 년 첫째 달 곧 그 달 초하룻날에 땅 위에서 물이 걷힌지라 노아가 방주 뚜껑을 제치고 본즉 지면에서 물이 걷혔더니 [14]둘째 달 스무이렛날에 땅이 말랐더라(창 8:13-14)

물이 걷힌 후 땅이 말라 걸을 수 있을 정도가 되기까지 약 8주 정도가 걸렸다. 지질학적으로 지구에서 가장 광대한 암반은 퇴적암이다. 현재 대륙의 약 80%와 바다의 대부분이 퇴적암으로 덮여 있다. 홍수에 의해 압축되어 단단하게 굳어진 퇴적물인 것이다. 이러한 사실들은 노아의 홍수가 결코 꾸며 낸 이야기가 아님을 구체적으로 증명해 준다. 그렇지 않다면 모든 지층들이 물속에 들어갔다가 나왔다가를 반복해야 할 것이다.

노아는 언제 방주에서 나가야 할지에 관한 문제를 자신의 '상식'에 따라 결정하지 않았다. 그는 하나님의 직접적인 지시를 기다렸다. 오직 하나님만이 동물이 스스로 먹이를 찾아 살아 갈 수 있는 정상적인 때를 알고 계시기 때문이다.

염호(鹽湖)나 내해(內海)의 존재는 몇 천 년 전에 지구 전역에 걸쳐 큰 홍수가 있었음을 증명해 준다. 세계 최대 내해인 카스피 해(Caspian Sea)는 러시아 남서부, 아제르바이잔, 투르크메니스탄, 카자흐스탄, 이란 북부 등 육지로만 둘러싸여 있다. 해수가 어떻게 내륙 깊숙한 곳까지 들어올 수 있었겠는가? 왜 긴 세월이 지나는 동안 말라 버리지 않았을까? 5,000여 년 전 있었던 거대한 홍수가 가장 적절한 해답이 될 것이다. 아라랏 산 남서쪽에 위치한 반 호(Van Lake)와 남동쪽에 위치한 우르미아 호(Urmia Lake) 또한 염호이며 옛날에는 지금보다 더 넓었을 것으로 보인다. 중앙아시아의 거대한 고비사막에는 옛날에는 아주 넓었지만 지금은 일부만 남은 작은 염호들이 있다.

해발 3,800m의 안데스 산맥에 있는 티티카카 호(Lake Titicaca)는 면적이 8,135km^{2}나 되는 남아메리카 최대의 담수호로 세계에서 가장 높은 곳에 위치했다. 미국과 캐나다 사이에 있는 거대한 민물호수군 오대호

(Great Lakes)의 존재와 미국 유타 주 솔트레이크에 있는 거대한 염호 그레이트솔트 호(Great Salt Lake)와 주변 사막 또한 대홍수의 증거가 된다.

> 너와 함께 한 모든 혈육 있는 생물 곧 새와 가축과 땅에 기는 모든 것을 다 이끌어내라 이것들이 땅에서 생육하고 땅에서 번성하리라 하시매(창 8:17)

그들이 방주에서 나왔을 때 무엇을 먹고 살았을까? 노아가 준비한 먹이 외에도 물에는 여전히 생명체가 있었으며, 땅에도 식물들이 있었을 것이다. 홍수가 잦아든 뒤 자연은 곧 정상적인 상태로 회복되었을 것이다.

> 땅 위의 동물 곧 모든 짐승과 모든 기는 것과 모든 새도 그 종류대로 방주에서 나왔더라(창 8:19)

오직 한 쌍씩 나왔다고 말하지 않은 것으로 보아 어떤 동물들은 방주 안에서 새끼를 낳았을 수도 있었을 것이다.

> 여호와께서 그 향기를 받으시고 그 중심에 이르시되 내가 다시는 사람으로 말미암아 땅을 저주하지 아니하리니 이는 사람의 마음이 계획하는 바가 어려서부터 악함이라 내가 전에 행한 것같이 모든 생물

을 다시 멸하지 아니하리니(창 8:21)

이 말씀은 매우 중요하다. 하나님은 거짓말쟁이일까? 만약 노아의 홍수가 지구의 한쪽만 덮쳤고, 오직 수천 명만이 물에 빠져 죽은 사건이었다면, 하나님은 거듭거듭 그분의 약속을 지켜 오지 않은 것이 된다. 왜냐하면 지금도 매년 홍수가 일어나고 있으며 홍수 때문에 수많은 사람들이 죽거나 수백만 평의 땅이 황폐화되곤 하기 때문이다.

1970년 볼라 사이클론(Bhola cyclone)이 방글라데시와 인도 서벵골 주를 강타했는데, 현대에 벌어진 최악의 자연재해 중 하나로 손꼽힌다. 폭풍과 해일로 인해 최대 50만 명이 목숨을 잃었다. 2004년 인도네시아 수마트라 섬 부근 인도양에서 발생한 지진해일로 사망하거나 실종된 사람은 30만 명에 달했다. 2011년 일본 동북부 바다에서 일어난 대지진으로 쓰나미가 센다이시를 덮쳐 수몰시키는 것을 우리나라가 바로 옆에서 두려운 마음으로 지켜본 바가 있다. 우리나라도 거의 해마다 홍수로 피해를 입지 않는가?

노아의 홍수는 세계적이었으며 지구 전역을 뒤덮었고 호흡하는 모든 생물을 전멸시켰다. 하나님이 말씀하신 대로 이루어진 것이다. 그리고 이제는 전 세계를 멸하기 위하여 홍수를 사용하시는 일은 결코 없을 것이다. 하나님이 그렇게 약속하셨기 때문이다. 지역적인 홍수는 하나님의 저주 아래 있는 세계에 들어온 고통 중의 일부로서 계속 남아 있다. 그러나 그것들을 허락하는 데 있어 하나님은 자신의 말씀을 깨뜨

린 적이 없으시다.

> 땅이 있을 동안에는 심음과 거둠과 추위와 더위와 여름과 겨울과 낮
> 과 밤이 쉬지 아니하리라(창 8:22)

과학자들은 노아의 홍수 기간 동안 궁창 위의 물이 비로 내림으로
써 수증기층이 사라지고 그로 말미암아 온난했던 지구의 환경이 급격
히 변화되었다고 추정한다. 에드먼드 핼리(Edmund Halley) 같은 과학자는
지축이 23.5° 기울어짐으로써 쓰나미가 일어났고, 그 이후에 추위와 더
위, 여름과 겨울의 기온 차가 더욱 격심해졌으며 사계절이 생겼을 것이
라고 추정한다.

또한 과학자들은 세계의 종말이 어떻게 올 것인가에 대해 의견을 달
리한다. 어떤 이들은 지구가 얼어 버릴 것이라고 말하고, 또 어떤 이들
은 불에 탈 것이라고 말한다. 혹은 물에 잠길 것이라고 말하는 과학자
도 있다. 그러나 성경은 오직 하나님만이 미래를 아시며 그분이 변화를
허락하시기 전까지는 계절의 변화가 계속될 것이라고 말한다. 또 세상
의 종말은 불의 심판으로 오게 될 것이라고 분명히 밝히고 있다.

> 그러나 주의 날이 도둑같이 오리니 그 날에는 하늘이 큰 소리로 떠
> 나가고 물질이 뜨거운 불에 풀어지고 땅과 그 중에 있는 모든 일이
> 드러나리로다(벧후 3:10)

세계 곳곳에서 시시각각 일어나는 사건들을 예의 주시하면, 주의 날이 도둑같이 임하리라는 말씀이 결국 성취될 것임이 뼛속 깊이 느껴지지 않는가? 우리는 이에 대해 깨어서 주의를 기울이며 대비해야 할 것이다.

아라랏 산을 가리키는
수많은 증거들

히브리어 아라랏(אֲרָרָט)은 하르-야라드(הַר יָרַד)에서 나왔을 가능성이 있는데, 이것은 '후손의 산'이란 뜻이다. 2천여 년 전 아르메니아인들은 그곳을 후손의 땅이라고 부르곤 했다. 유대 역사가 요세푸스는 방주의 유물이 당시 그곳에 있었다고 말했다. 이 지역의 전설들은 이곳이 실제로 방주가 상륙했던 곳임을 강력하게 시사한다. 페르시아 전설은 아라랏을 '인류의 요람'이라고 칭하며 코이누(Koh-i-Nuh), 즉 '노아의 산'이라고 불렀다. 그곳에서 가까운 도시는 아제르바이잔 자치공화국인 나히체반(Nakhchivan)인데, 아르메니아 전통에 의하면 노아에 의해 건설된 도시라고 추정되며, '후손의 첫 땅'이라는 뜻도 가지고 있다.

방주가 지구 어디선가 멈추었다면, 분명히 하나님의 특별한 이끄심이 있었으리라고 생각할 수 있다. 첫째, 아라랏 산은 전 세계의 중심에 해당되는 위치에 있다. 이것을 시험해 보려면, 지구본 위에 남아프리카 끝에서 베링 해협까지 줄자를 이용하여 선을 그어 보라. 아라랏 산은 이 두 점을 잇는 선상에 놓이며 그 중심에서 이탈하지 않는다. 그다음 멕시코에서 유럽을 거쳐 오스트레일리아까지 같은 작업을 해 보면 터키가 그 선의 중간 정도에 위치한 것을 볼 수 있다. 따라서 아라랏 산이 세계의 중심에 있으며, 이곳에서 하나님이 노아의 자손들을 전 세계 오 대륙으로 퍼지게 하셨다는 것을 알 수 있다.

둘째, 아라랏 산은 비옥한 땅이 솟아오른 곳으로, 쉽게 말라서 노아의 가족이 농사를 새로 시작하기에 이상적이었을 것이다. 아라랏 산은 사화산으로 해저에서 형성된 화산이라는 사실이 최근 연구에 의해 밝혀졌다. 물밑에서 형성된 용암이 특별히 구심점을 이루고 있으며, 산 정상의 만년설에 이르기까지 이런 현상이 보인다. 따라서 그전에는 존재하지 않았던 산이 홍수 중에 형성되었을 것이 거의 확실하다.

현재 아라랏 산의 정상에서부터 1,200m까지는 244m 두께의 만년설로 덮여 있다. 방주가 다다랐을 때는 분명 화산 활동으로 뜨거웠기 때문에 지금과 같지 않았을 것이다. 정상은 아마도 편평했을 것이며 노아의 후손과 동물들이 어려움 없이 산 밑으로 내려갈 수 있었을 것이다. 그러나 홍수 이후에 산이 다시 폭발했을 것으로 보인다. 한 지역에 거대한 협곡이 생겨 2,400m의 골짜기를 만들어 놓았고, 때문에 후대와의 유대에 심각한 문제가 발생했을 것이다. 방주가 아직까지 조각나지 않은 채 남아 있다면, 거대한 만년설 밑에 있을 것이다.

노아의 홍수
연대기

　노아의 홍수는 어떤 사건보다도 더 정확하고 자세히 성경에 기록되어 있다. 창세기 5장에서 보았다시피 기록된 역사는 문명의 초기, 즉 아담의 때까지 거슬러 올라간다. 노아 혹은 그가 기록을 넘겨주었을 것으로 생각되는 아들 셈이 계속해서 정확한 항해일지를 기록했을 것이다.

　노아 시대에 한 달이 며칠이었는지, 또 정월은 언제쯤이었는지에 대해서 학자들 간에 의견이 나뉜다. 그러나 창세기 7, 8장을 보면 그 시대의 한 해가 지금과 큰 차이가 없었음을 알 수 있다. 그러한 개념 하에 노아의 홍수를 연대기로 살펴본다면 노아의 '믿고 기다리는 신앙'을 배울 수 있고, '1년 10일간 지옥 같았던 홍수'에 동참할 수 있을 것이다.

<노아의 홍수 연대표>

노아의 나이	기간	달	일	사건	창세기
480세				하나님이 경고하심	6:3
502세 (또는 503세)				셈, 함, 야벳의 출생	5:32
600세		2	10	방주에 승선	7:1
	7일	2	17	홍수가 시작됨	7:11
	40일	(3	29)	비가 그침	7:12
150일				물이 땅에 창일함	7:18
	110일	7	17	방주가 아라랏 산에 머무름	8:4
	40일	10	1	산들의 봉우리가 보임	8:5
		(11	10)	까마귀를 내보냄	8:7
	7일			비둘기를 내보냄	8:8
				비둘기가 돌아옴	8:9
	7일			비둘기를 내보냄	8:10
				올리브 잎사귀를 물고 돌아옴	8:11
601세				비둘기를 내보냈으나 돌아오지 않음	8:12
				물이 걷힘	8:13
				땅이 마름	8:14

(홍수의 총 기간 : 1년 10일)

| 602세 | | | | 셈이 아르박삿을 낳음 | 11:10 |

chapter 12

새 언약

방주에서 노아의 가족이 나왔을 때 하나님은 그들에게 무엇을 제시하셨는가? 생육하고 번성하여 땅에 충만하라고 하셨으며, 피조세계를 다스리라는 복을 주셨고, 채소 외에 모든 산 동물도 양식으로 주셨다. 또한 하나님의 무지개를 구름 속에 두어 다시는 물로 심판하지 않으시겠다는 새 언약의 증거로 삼으셨다.

홍수 이후 달라진 축복

[1] 하나님이 노아와 그 아들들에게 복을 주시며 그들에게 이르시되 생육하고 번성하여 땅에 충만하라 [2] 땅의 모든 짐승과 공중의 모든 새와 땅에 기는 모든 것과 바다의 모든 물고기가 너희를 두려워하며

너희를 무서워하리니 이것들은 너희의 손에 붙였음이니라(창 9:1-2)

하나님이 무엇을 누군가의 손에 붙인다는 것은 그에게 다스리는 권한을 준다는 뜻이다. 천지창조 후에 하나님은 인간에게 생육, 번성, 충만, 다스림, 정복의 다섯 가지 복을 주셨다(창 1:28). 그런데 그중에서 생육, 번성, 충만, 다스림만 남고 정복의 복이 사라졌음을 알 수 있다. 아담의 범죄 이후 하나님과의 친밀한 교제가 깨어졌고, 이 땅은 저주를 받았으며 사탄이 권세를 잡게 되었다. 노아의 홍수 이후로 지구의 환경은 더 척박해졌다.

> ³모든 산 동물은 너희의 먹을 것이 될지라 채소같이 내가 이것을 다 너희에게 주노라 ⁴그러나 고기를 그 생명 되는 피째 먹지 말 것이니라 ⁵내가 반드시 너희의 피 곧 너희의 생명의 피를 찾으리니 짐승이면 그 짐승에게서, 사람이나 사람의 형제면 그에게서 그의 생명을 찾으리라(창 9:3-5)

대홍수 전에는 인류가 채식을 해 왔음을 짐작할 수 있다. 실제로 노아는 방주에 식물을 식량으로 가져다가 저축하였다(창 6:21).

그런데 홍수 이후에 하나님은 인류에게 육식을 허용하셨다. 그 이유는 아마도 궁창 위의 물층이 비가 되어 땅으로 쏟아진 뒤 대기 환경이 새롭게 바뀌었기 때문일 것이다. 물층이 없어짐으로써 인체에 해로운 우주선이 대기권을 쉽게 통과하게 되었고, 그 때문에 인간 수명이 120세 이내로 단축된 것이다. 창조 당시보다 못한 지구 환경, 즉 척박한 땅에서 일하기 위해 더 많은 에너지를 필요로 했고, 이를 보충하기 위해 육류 섭취가 필요하게 되었는지도 모른다.

그러나 우주선과 더불어 에너지 과다 섭취로 인한 활성산소의 발생이 유전자 및 생체 물질에 큰 손상을 주었다. 일반적으로 육식동물이 초식동물보다 단시간에 힘을 더 잘 낼 수 있는 반면에 평균 수명은 짧다. 또한 기초대사율이 높고 빨리 움직이는 동물이 천천히 움직이며 기초대사율도 낮은 동물보다 대개 수명이 짧다. 그 이유는 빠른 생체 대사의 결과로 생긴 활성산소 같은 산화물이 유전자 및 생체를 손상하기 때문이다. 따라서 지나치게 격렬한 운동이나 과다한 육류 섭취와 과식은 장수에 도움이 되지 않는다고 할 수 있다.

생명과학의 발달로 유전자 분석이 가능한 시대가 되었다. 유전자 분석의 결론은 유전자가 진화의 산물이 아니라 퇴화의 산물이라는, 유전자 손상이 축적된 증거를 너무나도 확실히 보여 주고 있다. 따라서 인간 수명이 과거 몇 백 세에서 120세 정도로 줄어든 이유와 현대인이 수많은 질병들로 고생하는 이유를 유전자 분석에서 찾아볼 수 있다.

"고기를 그 생명 되는 피째 먹지 말 것"(창 9:4)이라는 말씀은 성경에서 피를 생명으로 정의한 첫 구절이다. 이것은 제5일과 제6일의 생명 창조와도 맥락을 같이 한다. 또한 후대에 피와 관련된 율법이 이렇게 선포되었다.

육체의 생명은 피에 있음이라 내가 이 피를 너희에게 주어 제단에 뿌려 너희의 생명을 위하여 속죄하게 하였나니 생명이 피에 있으므로 피가 죄를 속하느니라(레 17:11)

채식을 하던 때와 달리 육식을 할 때에는 제약이 뒤따른다. 짐승의 피를 먹지 않음으로써 그 생명을 존중하라는 것이다. 동물은 하나님의 피조물로서 귀한 생명이며 피가 곧 생명을 의미하기 때문이다.

어떤 종교는 아무 생물도 죽이지 말라고 금하는데, 이는 모든 생물은 영혼이 있으며, 심지어 인간도 죽으면 그 영혼이 언젠가 다른 생물로 태어날 수 있다고 믿기 때문이다. 그러나 성경은 창조 섭리와 마찬가지로 동물의 생명과 인간의 생명 사이에 분명한 선을 긋는다. 앞서 밝힌 바와 같이 짐승은 혼과 육만 가지고 있고, 오직 인간만이 영혼육을 가지고 있다. 따라서 인간은 차원이 다른 존귀한 존재다.

만약 어떤 해로운 짐승이라도 죽이기를 거부한다면 인간의 생명보다 동물의 생명을 더 높이 평가하는 것밖에 되지 않는다. 왜냐하면 수백만의 사람들이 쥐로 인해 전염되는 페스트로, 모기에 의해 전염되는 말라리아로 죽어 갔기 때문이다. 얼마 전에 닭·칠면조와 같은 가금류와 야생 조류 등에 감염되는 조류인플루엔자(pathogenic avian influenza)로 인간이 큰 피해를 입었으며, 최근에는 사스(SARS)와 낙타에 의해 매개된다는 중동호흡기증후군(메르스)이 살인적인 공포를 불러일으켰는데, 한 중국인 전문가에 의하면 메르스와 사스의 첫 감염원이 박쥐일 가능성이 높다고 한다. 지난 2014년 서아프리카 지역에서 유행했던 에볼라 바이러스(Ebola virus)는 과일박쥐라고도 불리는 날여우(flying foxes) 박쥐가 숙주였다. 2015년 중앙아메리카, 남아메리카에서 발생한 지카바이러스(Zika virus)는 숲 모기에 의해 전염되며 임신 초기에 감염될 경우 태아에게 소두증을 초래할 확률이 매우 높다.

> 내가 내 무지개를 구름 속에 두었나니 이것이 나와 세상 사이의 언약의 증거니라(창 9:13)

성경에 등장한 인류 최초의 무지개는 하나님이 주신 새 언약의 표시였다. 첫 번째 무지개가 구름 사이로 비쳤을 때 역사상 가장 큰 환란에서 살아남은 생존자인 노아의 가족이 느낀 전율은 대단했을 것이다.

무지개

무지개가 어떻게 만들어지는지를 안다고 해서 경외감이 줄어드는 것은 결코 아니다. 과학은 '무지개는 어떻게 생겨나는가'에 대한 답은 줄 수 있다. "공기 중에 있는 물방울에 의해 태양광선이 반사 및 굴절되어 일곱 빛깔의 띠가 나타난다"고 설명할 수 있을 것이다. 그러나 '무지개가 왜 생겼는가?'에 대한 물음에는 어떤 답도 주지 못한다. 하나님이 왜 무지개를 두셨으며, 왜 일곱 빛깔인가에 대해 묵묵부답이다. 다음과 같은 질문에도 과학은 마찬가지 태도를 취한다.

"중력이나 중력파는 왜 생기는가?"

"전자기장은 왜 생기는가?"

"원자를 견고히 매어 두는 힘은 무엇인가?"

"생명체에는 왜 DNA나 RNA 같은 유전물질이 심겨 있는가?"

과학은 '어떻게'라는 질문과 달리 '왜'라는 질문에는 쉽게 답하지 못하는 모습을 보인다. 왜냐하면 '왜'는 하나님의 영역이기 때문이다.

만약 노아의 홍수가 세계적인 사건이 아니었다면 홍수 이후의 새 언약은 전혀 의미가 없을 것이다. 단지 한 지역에 국한된 사건에 지나지 않는다면 하나님의 약속은 사람 몇 명, 동물 몇 마리에 제한된 것이 된다. 이것을 믿을 수 있겠는가? 무지개가 전 세계에 걸쳐 나타나는 것과 같이 노아의 홍수는 전 지구적인 사건이었으며, 따라서 하나님의 무지개 약속도 전 세계적인 것이다.

농사꾼 노아와 그 아들들의 역사

노아가 농사를 시작하여 포도나무를 심었더니(창 9:20)

노아는 대홍수가 끝난 후에 농사를 다시 삶의 근거로 채택했다. 땅을 새로 일구어 밭을 갈고 포도나무를 심었다. 방주 안에서 동물들을 지키는 일을 1년 이상 해 왔던 그가 새롭게 시작한 것이다. 어떤 사람은 노아가 최초로 농업을 시작한 인물이라고 말하기도 한다. 그러나 이 해석은 잘못되었다. 히브리어 성경은 노아를 단지 '땅의 사람'이란 뜻의 이쉬 하아다마(אִישׁ הָאֲדָמָה)로 표기하고 있다. 직역하자면 "땅의 사람 노아가 시작하여 포도나무를 심었다"이다. 즉 '최초의 농부'라는 말은 없다. 다음 구절을 보면, 아담이 최초의 농부였음을 알 수 있다.

> 여호와 하나님이 에덴동산에서 그를 내보내어 그의 근원이 된 땅을 갈게 하시니라(창 3:23)

또 창세기 5장 아담의 계보를 보면 노아의 아버지 역시 농부였음을 알 수 있다.

> 28라멕은 백팔십이 세에 아들을 낳고 29이름을 노아라 하여 이르되 여호와께서 땅을 저주하시므로 수고롭게 일하는 우리를 이 아들이 안위하리라 하였더라(창 5:28-29)

노아는 수고롭게 일하는 농부 라멕에게 위로가 되는 아들이었다. 노아라는 이름의 뜻이 '위로'다. 하나님이 땅을 저주하심으로 수고하게 된 것에 대하여 이 아들이 위로가 되었다는 뜻으로 지어졌다.
왜 사람들은 노아를 첫 농사를 지은 사람으로 보는 실수를 할까? 진화론 교육과 진화론적 역사관이 사람들의 마음을 완전히 사로잡고 있어서일 것이다. 그들은 초기 인류가 농경을 배우기 전 몇 세기 동안 수렵생활을 했으리라고 믿는다. 그래서 진화론적 생각으로 성경 말씀을 해석하니 왜곡하는 잘못을 저지르게 된 것이다.

대백과사전에 의하면, 포도 재배가 카스피 해 근처에서 시작되었을 것이라고 한다. 지금도 그 지역은 포도 산지로 유명하다. 이처럼 성경은 지리학적 사실들과도 일치한다.

포도주를 마시고 취하여 그 장막 안에서 벌거벗은지라(창 9:21)

유대인들이 민족의 위대한 영웅의 인격을 깎아내리는 이야기를 일부러 꾸며 냈을 가능성은 희박하다. 성경은 소위 위대한 인물들이라도 인간적인 약점을 있는 그대로 충실하게 묘사하는 편이다. 이 점이 바로 그 이야기들이 사실이라는 또 하나의 증거가 된다.

그런데 어쩌다가 노아는 그전과 달리 포도주에 취하게 되었을까? 대홍수 이후에 자연환경이 대단히 많이 변해 땅의 성질을 결정하는 미생물의 군집이 달라졌을 것이고, 그로 인해 땅의 성질이 전과 달랐을 것이다. 따라서 홍수 이전에는 발효가 일어나지 않았던 포도가 변화된 미생물 군집에 의해 발효가 되어 포도주가 된 것은 아닐까?

25 이에 이르되 가나안은 저주를 받아 그의 형제의 종들의 종이 되기

를 원하노라 하고 ²⁶ 또 이르되 셈의 하나님 여호와를 찬송하리로다 가나안은 셈의 종이 되고 ²⁷ 하나님이 야벳을 창대하게 하사 셈의 장막에 거하게 하시고 가나안은 그의 종이 되게 하시기를 원하노라 하였더라(창 9:25-27).

위 구절은 기독교 역사상 가장 잘못 해석되어 온 구절이다! 이 말씀을 근거로 18세기만 해도 영국과 미국에서 노예무역이 절정에 달하기도 했다. 그러나 성경은 분명히 다른 견해를 보이고 있다.

상전들아 너희도 그들에게 이와 같이 하고 위협을 그치라 이는 그들과 너희의 상전이 하늘에 계시고 그에게는 사람을 외모로 취하는 일이 없는 줄 너희가 앎이라(엡 6:9)

영국 하원의원 윌리엄 윌버포스(William Wilberforce)와 〈나 같은 죄인 살리신〉(Amazing Grace)을 작사한, 전직 노예상인 존 뉴턴(John Newton) 등 몇몇 그리스도인들이 노예무역을 중지시키기 위해 노력했다. 그러나 다른 그리스도인들은 아프리카 흑인은 함의 자손이기 때문에 노예가 되는 것이 하나님의 뜻이라고 주장하였다.

노아는 함이 아닌 함의 아들 가나안이 셈의 종이 될 것이라고 저주했다(창 9:25). 가나안은 함의 네 아들 중에 가장 어린 아들이었다(창 10:6). 가나안이 노아 할아버지에게 어떤 경솔한 행동을 했는지는 알 수 없다. 어쨌든 노아가 함을 저주한 것은 아니기 때문에 함의 자손인 아프리카 흑인을 노예로 부려도 좋다는 근거는 잘못된 것이다.

창세기 10장에 나타난 가나안 후손의 역사(창 10:15~19)를 연구해 보면 노아의 저주는 수백 년 후에 일어날 일에 대한 예언이었음을 알 수 있다. 가나안 땅은 원래 가나안 족속이 살던 곳이다. 가나안 족속은 팔레스타인, 즉 지금의 이스라엘 땅에서 살아왔다. 그들 중 일부는 죄악의 관영으로 멸망된 도시, 소돔과 고모라를 세웠다(창 19장). 가나안의 후손 중 대다수가 이 도시에서 멸망했다.

종이 된다는 것은 정복당하여 지배를 받는다는 뜻이다. 가나안 족속 중 하나인 아모리 족속은 셈의 후손인 여호수아와 이스라엘 민족에게 정복당했다. 모세는 이스라엘에게 가나안 족속의 악한 관습에 관해 경고하였다(신 12:31). 또한 고고학자들은 그들의 성적 음란이 얼마나 심했는가에 대해 일치된 의견을 보인다. 여호수아를 속이고 이스라엘과 불가침조약을 맺은 기브온 사람들은 죽임을 당하는 대신에 영영히 성전에서 '나무를 패며 물을 긷는 자'가 되었다(수 9:23).

가나안 족속의 또 다른 분파인 베니게 족속(페니키아인)은 고대 세계에서 일찍부터 뛰어난 조선술과 항해술로 유명해진 제일의 항해자들이었다. 그들은 북아프리카 연안에 카르타고(Carthago)라는 거대 도시를 세웠으며 한니발(Hannibal)과 같은 명장을 배출하기도 했다. 카르타고인은 바알을 섬겼으며 상황이 안 좋을 때는 어린아이를 번제로 불사르는 제사를 행하기도 했다. 이러한 잔인무도함 때문에 하나님은 기원전

146년 로마가 카르타고를 공략케 함으로써 징벌하셨다. 이때 카르타고인 수십만 명이 포로로 잡혀가 노예가 되었다. 그 후 페니키아인들은 다시 일어나지 못했다. 따라서 노아의 예언이 성취되었다고 할 수 있다. 그것도 2,000년 후에!

셈의 장막에 거하는 주체는 누구인가? 두 가지 해석이 있을 수 있다. 하나는 하나님이시고, 또 하나는 창대하게 된 야벳이다. 셈은 가장 많은 축복을 받았는데 그의 장막은 하나님의 거처가 되었다. 실제로 유대교, 천주교, 기독교, 동방정교, 이슬람교 등이 모두 유일신 사상을 가지고 있으며, 모두 셈족에서 파생되었다.

또한 기독교 복음은 이스라엘에서부터 서쪽 방향으로 진행하여 야벳 족속인 유럽인들이 종교라는 셈의 장막에 거함으로써 창대하게 되었다. 그 후로 복음은 미국 대륙과 한국 및 아시아를 거쳐 세상 끝이라고 할 수 있는 원점을 향해 서진하고 있다.

어떤 사람들은 역사상 기록된 예언들이 실은 후대에 시인이나 역사가가 자국 또는 자민족의 영광을 위하여 조작하여 쓴 것들이라고 말한다. 정말 그러한가? 노아의 예언은 그런 의도와는 완전히 반대되는 내용이다. 유대인들은 자신들의 비위에 맞지 않는 예언이라도 충실하게 기록하였다는 것을 알 수 있다. 성경은 이스라엘 민족에게 부끄러운 이야기들조차 가감 없이 기록했다.

셈의 자손은 유대인, 아랍인, 아시아인, 아메리카 원주민들로 생각된다. 그러나 여기서 셈보다 더 창대하게 되는 축복을 받은 사람은 야벳,

즉 이방인이다. 야벳은 셈의 장막에 거하며 창대하게 되었다. 어떤 유대인이 감히 자기 민족보다 이방민족이 더 창대하게 되리라는 뜻의 예언을 꾸며 냈겠는가?

chapter 13

민족과 언어의 기원

창세기 10장과 11장은 고고학과 역사학이 다룰 만한 전문적인 자료의 모음이라고 할 수 있다. 그러나 성경은 이 안에서도 우리에게 유용한 교훈을 제시하고 있다. 그중 몇 가지를 살펴보겠다.

노아의 후손들, 열국 백성으로 나뉘다

> 노아의 아들 셈과 함과 야벳의 족보는 이러하니라 홍수 후에 그들이
> 아들들을 낳았으니(창 10:1)

창세기 10장은 5장과 마찬가지로 족보로 시작된다. 족보의 히브리어 톨레도트(תֹּולְדֹת)는 앞서 살펴봤듯이 계보, 계통, 족보라는 뜻과 함께 이

야기, 설명, 사실의 기록이란 뜻도 있다.

> 셈은 에벨 온 자손의 조상이요 야벳의 형이라 그에게도 자녀가 출생하였으니(창 10:21)

> 에벨은 두 아들을 낳고 하나의 이름을 벨렉이라 하였으니 그 때에 세상이 나뉘었음이요 벨렉의 아우의 이름은 욕단이며(창 10:25)

셈의 4대손인 에벨이 벨렉을 낳았고, 벨렉으로부터 6대 후에 아브라함이 등장하므로 에벨이 히브리 민족, 즉 현재 이스라엘 민족의 직계 조상이라고 할 수 있다. 에벨, 즉 에베르에서 '히브리'라는 말이 파생되었다. 에벨은 벨렉과 욕단, 두 아들을 낳았고, 이들은 모두 셈과 에벨의 직계 후손이 된다. 벨렉의 동생 욕단의 후손도 셈의 직계손인데, 그 족보가 매우 자세히 기록되어 있다. 바벨탑 사건 이후 그들은 "메사에서부터 스발로 가는 길의 동쪽 산"(창 10:30)으로 이동하여 동방의 열국을 이루게 되는 것으로 추정된다. 메사는 페르시아 만의 북서쪽 끝에 위치한 바스라(Basrah) 지역이며 스발은 지금의 시베리아(Siberia)다.

에벨이 벨렉을 낳았을 때 세상이 나뉘었다. 세상이 나뉘었다 함은 대륙이 이동하여 나뉘었다는 뜻도 있지만, 그보다는 셈의 축복을 받은 에벨의 온 자손이 나뉘었다는 뜻이라고 할 수 있다. 에벨의 첫째 아들인 벨렉의 가계는 서쪽으로 이동하여 히브리 민족을 이루었고, 에벨의 둘째 아들인 욕단은 아들을 13명이나 낳았는데 이들 가계는 동쪽으로 이동하여 동방의 여러 나라를 이루었다.

기록에 의하면, 세상이 나뉜 후에 인간 수명이 현재 수준으로 줄어들었다. 지구 환경에 커다란 변화가 있은 후에 지금과 같은 환경이 되었음을 추측할 수 있다.

> 이들은 그 백성들의 족보에 따르면 노아 자손의 족속들이요 홍수 후에 이들에게서 그 땅의 백성들이 나뉘었더라(창 10:32)

성경은 인류가 한 족속이었다고 말한다. 사도 바울은 당시 인종적 우월감을 가지고 있던 아테네 사람들에게 하나님이 "인류의 모든 족속을 한 혈통으로 만드사 온 땅에 살게"(행 17:26) 하셨다고 말했다.

이것은 생물학적 사실에 의해 다시 한 번 증명된다. 지구상 어떤 남자도 그와 다른 지역의 여자와 결혼하여 자녀를 낳을 수 있으며 자자손손 후대를 이어갈 수 있다. 생물학적으로 현생 인류는 모두 호모 사피엔스 사피엔스(Homo sapiens sapiens) 한 가지 종에 속한다.

이것은 진화론자들에게는 하나의 수수께끼다. 그들 이론에 따르면 현생 인류는 수백만 년 전에 인간과 원숭이의 공통조상으로부터 갈라져 나왔다. 그러나 어찌하여 이런 일이 한곳으로부터가 아니고 각각 다른 50여 군데에서 우연히 한꺼번에 일어날 수 없었을까?

한때 진화론자들은 오스트레일리아의 원주민이나 아프리카의 피그미 족은 독립적으로 진화한 탓에 지능과 지성 면에서 현대인에 미치지 못하는 원시인 수준에 머물러 있다고 주장한 바 있다. 그러나 1987년 버클리대학의 생화학자 앨런 윌슨 교수가 〈네이처〉에 발표했던 이브 가설은 이 생각이 극히 부조리한 것임을 증명하였다.

사실에 맞는 유일한 설명은, 한곳을 중심으로 현생 인류가 세계 전역으로 퍼져 나갔다는 것이다. 진화론자들조차도 모계로만 전달되는 생체 내 세포소기관인 미토콘드리아 연구를 통하여 인류가 에티오피아의 한 여인으로부터 퍼져 나갔다고 주장하며, 인류의 조상이라는 의미로 이 여인에게 '미토콘드리아 이브'라는 이름을 붙이기도 했다. 재미있는 사실은 진화론이든 창조론이든 인류가 하나의 조상으로부터 전파되었다는 데에 의견을 같이한다는 것이다.

역사상 인간들은 언제나 자신의 우월성을 드러내기 위해 이야기를 꾸며 오곤 했다. 히틀러는 세계를 지배하기 위해서, 진화론의 적자생존 원리를 도입하여 존재하지도 않는 순수혈통 아리안 족 신화를 만들어 냈다.

그러나 성경에는 그러한 드라마가 없다. 성경은 전 세계인이 모두 노아의 후손이라고 주장한다. 인류는 황인, 백인, 흑인 세 인종으로 분류될 뿐이다. 황인종은 한국을 비롯한 아시아와 아메리카 대륙에, 백인종은 주로 유럽에, 흑인종은 대개 아프리카에 분포해 있다.

현재 중동 지역에서 살고 있는 사람들은 아마도 그들이 노아의 후손과 가장 가깝다고 생각할 수 있다.

예수님을 백인종으로 생각하는 사람들이 많으나 이것은 서구에서 만든 영화나 그림에서 보는 이미지의 영향일 뿐이다. 실제로는 검은 머리에 갈색 눈동자를 가진 지금의 중동인과 매우 비슷한 모습이었을 것이다.

바벨탑 사건으로 언어가 혼잡해지다

> [1] 온 땅의 언어가 하나요 말이 하나였더라 [2] 이에 그들이 동방으로 옮기다가 시날 평지를 만나 거기 거류하며(창 11:1-2)

노아의 자손은 단일 언어를 사용했다. 그러나 바벨탑 사건 이후에 언어와 민족이 나뉘었다. 시날은 지금의 이라크 지역으로 아라랏 산의 남남동편 바빌로니아이며 함의 자손 니므롯이 거하던 곳이다(창 10:8-10). 그러나 창세기 기자는 아마도 자신의 위치, 즉 이스라엘에서 본 방향을 가리켜 동방이라고 한 것 같다.

> 또 말하되 자, 성읍과 탑을 건설하여 그 탑 꼭대기를 하늘에 닿게 하여 우리 이름을 내고 온 지면에 흩어짐을 면하자 하였더니(창 11:4)

바벨탑 사건은 노아의 홍수 이후 102년쯤 지났을 때 일어났다. 어떻게 몇 가족이 성을 쌓아 그 꼭대기가 하늘에 닿게 할 수 있었겠는가? 전쟁, 질병, 사고가 없는, 이상적인 조건하에서 방주에서 나온 노아의 아들 부부 세 쌍이 매 7년마다 인구를 2배로 늘렸다고 생각해 보자. 이렇게 생각하지 못할 이유는 하나도 없다. 이 속도로 세 쌍의 부부로부터 인구가 증가되었다고 할 때, 1세기를 지날 때쯤이면 얼마나 증가해 있을까? 100년은 7년이 적어도 14번 반복되는 기간이므로, 100년

이라크 사마라에 있는 탑.
바벨탑을 연상시킨다.

간 2^{14}만큼 인구가 증가될 것이다. 따라서 1세기를 지날 때 5만 명쯤 되었을 것으로 보인다. 노아의 후손들이 바벨탑 사건이 있을 당시 최소한 수천 명에 달했을 것은 확실하다. 참고로, 야곱의 집 사람들 70명이 430년간 이집트에서 생활한 후에 출애굽할 때 성인 남자만 60만 명이 되었으므로, 400여 년간 70명에서 1~2백만 명 정도 증가된 것으로 추산할 수 있다(창 46:27, 출 12:37).

바벨탑보다 크기가 작았겠지만 가인도 성을 쌓았다. 그가 성을 쌓은 것은 살인죄의 결과로 땅에서 피하며 유리하는 저주를 받았기 때문이었다(창 4:12). 바벨탑을 쌓은 목적은 세상에 자기 이름을 내고자 하는 교만함에서 비롯되었는데, 결국 지면에 흩어져서 생육하고 번성하라는 하나님의 명령에 불순종하는 결과를 낳았다.

많은 학자들이 셈의 자손 벨렉, 그의 동생 욕단, 함의 자손 니므롯 등이 언어와 민족이 분열되는 혼돈의 시대를 살았다고 믿는다(창 10:25). 벨렉이 나뉨, 분할이라는 뜻을 가진 것을 볼 때, 바벨탑 사건으로 인류가 온 세상으로 흩어지게 된 데서 유래한 이름일 것으로 추정된다(창 11:8-9).

> 자, 우리가 내려가서 거기서 그들의 언어를 혼잡하게 하여 그들이
> 서로 알아듣지 못하게 하자 하시고(창 11:7)

언어는 오래전에 기록된 것일수록 더 어렵고 복잡하다. 고대 중국어는 현대 중국어보다 더 어렵고, 고대 헬라어는 현대 헬라어보다 더 어렵다. 가장 어려운 언어 중 하나는 산스크리트(Sanskrit)어인데 동사 변형이 500여 가지나 되며 그 역사는 기원전 1500년까지 거슬러 올라간다. 그에 비해 영어는 동사 변화가 do-does-did-done-doing과 같이 인칭과 시제에 따라 다섯 가지로 볼 수 있다. 중국어 기록은 기원전 2000년까지 거슬러 올라가며 고대 중국어는 약 6,000여 개의 기본자를 가지고 있었다. 한글의 자모는 24자다. 이처럼 고대인들이 썼던 언어가 현대어보다 더 복잡했다.

원시인이 썼던 언어들은 문명인의 언어보다 더 복잡하다. 에스키모(Eskimo)어는 현재 시제만 63가지가 있고, 눈을 나타내는 흰색 표현도 열 가지가 넘으며, 명사 하나가 252가지 변형을 가진다. 영어가 명사

변화 없이 대명사 변화만 있는 것과 비교된다.

　세계 모든 민족은 각각 고유 언어를 가지고 있다. 현재 수천 개의 언어 집단이 있는데, 50여 가지 어족으로 분류한다. 예를 들어, 우리나라가 속한 북아시아에는 알타이어족, 우랄어족, 일본어족, 한국어족 등이 있고, 유럽, 서아시아, 남아시아에 해당하는 인도유럽어족은 인도이란어파, 아르메니아어, 게르만어파, 그리스어, 이탈리아어파 등으로 세분되기도 한다. 한때 한국어가 우랄알타이어족에 속한다고 가르친 적이 있으나 지금은 논란의 여지가 있는 가설상의 어족이 되었다.

　프랑스와 에스파냐의 국경인 피레네 산맥 지방에서 쓰이는 언어인 바스크어(Basque)는 친족 관계가 증명되어 있지 않은 고립된 언어다. 1975년 문학 평론가 조지 스타이너(George Steiner)가 옥스퍼드대학 출판사를 통해서 출간한 언어학 책《바벨탑 이후》(After Babel)에서 "원래의 언어를 재조립하려는 모든 시도는 완전히 실패했다"고 결론 내렸다. 그러나 인류학자들은 모든 인류가 한 민족에서 유래했다는 데에 동의한다.

전 세계로 흩어지다

> 여호와께서 거기서 그들을 온 지면에 흩으셨으므로 그들이 그 도시를 건설하기를 그쳤더라(창 11:8)

시베리아, 그린란드, 사하라 사막 같은 곳에서 사는 원주민들을 떠올려 보라. 어떤 생각이 드는가? 아마도 우리 중 대부분은 그곳에서 살기는커녕 여행조차 엄두가 나지 않는다고 말할 것이다. 그만큼 살기에 편하지 않은 기후대이기 때문이다. 그러나 이상하게도 오래전에 이들 지역에서 살고자 선택한 사람들이 있었다. 왜 그랬을까? 성경에 따르면 인간은 메소포타미아의 비옥한 평지를 떠나서 세계 전역으로 흩어져 살게 되었다. 왜 무엇 때문에 그런가?

인류학자들은 다음 몇 가지를 추측한다.

첫째, 어떤 사람들은 보다 나은 수렵지를 찾아 북쪽으로 이동했다.

둘째, 어떤 사람들은 이웃과의 전쟁을 피하기 위해 이주했다.

셋째, 메소포타미아 지역에 갑작스런 기근이 일어났을 수 있다.

넷째, 당시 인구 밀도가 너무 높았다… 등등.

그러나 이제까지 가장 합리적인 설명은 땅의 나눔과 언어의 혼란이다. 노아의 후손들은 "땅에 충만하라"(창 9:1)는 하나님의 명령에 순종하기를 거부했기 때문에 바벨탑 사건으로 갑작스럽게 흩어져야만 했다. 불순종의 결과로 지구 끝에서 끝까지 흩어져 우상을 섬기게 된 것이다 (신 28:64).

이와 달리 하나님의 뜻에 순종함에도 불구하고 하나님의 섭리에 따라 온 땅에 흩어진 경우가 있다. 스데반의 순교를 시작으로 초대교회에 큰 박해가 있어 초기 그리스도인들이 모든 땅으로 흩어짐으로써 복음이 전 세계로 전파되는 계기가 되었다(행 8:1). 우리나라도 1950년 한국

전쟁 당시 북한의 그리스도인들이 공산당의 핍박을 피해 대거 남하한 경우가 있다. 마치 유대인들이 초대교회 시대에 박해를 피해 전 세계로 흩어졌던 디아스포라(diaspora) 상황 같았다.

바벨탑 사건으로 고대의 글을 쓰는 기술(writing skill)이 상실되었는지도 모른다. 그러나 명석한 부족들은 새로운 언어에 적절한 문자를 만들어 낼 수 있었으며, 수학, 천문학, 공학 등 학문을 발전시킬 수 있었다. 정글에 방치되다시피 한 부족은 기록하는 법을 배우지 못했을 수도 있다. 하지만 언어가 없는 부족은 없다. 바벨탑 사건 당시 고대 구음이 어느 정도 보존되었다는 뜻이며 오늘날까지 언어가 발전되어 왔다는 것이다. 3,000여 종에 달하는 세계 언어의 다양성은 인간의 현명함이 낳은 것이 아니라 바벨탑 사건의 소산이다.

언어학에도 진화론이 있다. 소리의 단순 나열에서 문법이 만들어지고, 단순한 언어에서 복잡한 언어로 발달하듯이 원시 언어가 문명 언어로 진화한다고 주장한다. 그러나 이에 반박하는 예는 많다. 우선 한글은 서서히 진화해 온 것이 아니라 세종대왕이 창제한 것이 아니던가.

언어는 하나님이 인간에게 준 고귀한 선물이다. 이 기능은 본능처럼 우리에게 주어졌고 처음부터 완전했다. 물론 고어와 현대어가 다르다는 것과 영어가 앵글로색슨어와 프랑스어에서 나왔다는 사실을 부인하지는 않는다. 그러나 각 민족마다 고유의 언어가 있음을 볼 때 본능처럼 언어가 주어졌다는 사실이 부인되지 않는다. 하나님은 원래 하나였던 언어를 바벨탑에서 최소 50여 가지로 나뉘게 하셨으며, 어떤 언어든지 오랫동안 배우지 않으면 능숙하게 이해할 수 없는 정도가 되었다.

셈의 족보는 이러하니라(창 11:10a)

셈의 족보는 셈, 아르박삿, 셀라, 에벨, 벨렉, 르우, 스룩, 나홀, 데라
와 그의 아들 아브람으로 연결되어 히브리 민족의 기원을 이룬다. 이
가계의 특징은 누가 몇 세에 누구를 낳고, 몇 년을 지냈다는 기록이 전
부라는 것이다. 노아의 홍수 이후 셈에서 데라에 이르기까지 인간 수명
이 600세에서 148세까지 줄어든 것을 확인할 수 있다.

우리는 이 마지막 장에서 하나였던 언어와 민족이 나뉘는 과정을 살
펴보았다. 역사는 흘러 기원후 2000년이 훌쩍 넘는 시간에 우리가 살
고 있다. 개인마다 시간의 차이는 있겠지만, 우리는 언젠가 천국으로
여행을 떠나게 될 것이다. 그곳에 다다르게 되면 그동안 미처 인간의
초등학문으로 설명하지 못했던 불확실했던 일들이 투명한 호수 바닥
을 보듯 깨끗하게 보일 것이다. 우리는 창조주 하나님의 위대하심을 목
도하게 될 것이다.

현미경 Talk 25

언어 진화론의
구멍

현대 과학은 언어에 대해 말하고 있는가?

1859년 다윈이 진화론을 주창한 이래 과학자들은 인간의 조상에 대해 아무리 작은 증거라도 힘을 다해 찾곤 했다. 언어와 관련하여 침팬지를 대상으로 새끼부터 어미까지 수백 가지 실험이 행해졌으나 아직까지 말하는 침팬지를 만들어 내지는 못했다. 심지어 인간처럼 양육되었던 침팬지 침스키조차도 간단한 수화에 성공했을 뿐 언어를 습득하지는 못했다.

이처럼 인간과 침팬지는 차원이 다른 존재다. 태초부터 하나님의 창조에는 경계가 뚜렷이 존재했기 때문이다.

다윈 이후 약 50년 동안 진화론을 지지하는 과학자들은 인간의 언어가 어떻게 해서 동물의 으르렁거리는 소리로부터 진화되어 왔는지에 대한 연구에 매우 자신만만해 했다. 그러나 시간이 지나면서 원시 언어에 대한 연구가 활발해짐에 따라 언어 진화론은 조용히 자취를 감추었다.

그럼에도 불구하고 다음과 같이 변명하거나 주장을 고집하곤 한다.

"아마도 우리는 언어가 언제부터 시작되었는지 결코 알 수 없을 것이다."

"초기 언어가 어떠한지에 대해 유용한 고찰을 하기에는 아직 너무 이르다."

"창조적 언어의 능력을 어떻게 가지게 되었는지는 분명하지 않다."

"언어 능력이 완전히 형성되지는 않았을지라도 다른 형질과 같이 점진적으로 진화하였다고 생각하는 것이 합리적이다."

현대 과학자들은 언어 주제에 대해 완전히 언급을 회피하거나 아무 것도 모른다고 자백해야 하는 양자택일의 기로에 서 있다.

처음을 믿지 못하면 끝까지 믿을 수 없다

성경은 전 세계 가장 많이 사람들이 소유하고 있는 책이다. 나는 성경이 가장 많이 읽히는 책이 되기를 소망한다. 성경이 없으면 우리 삶은 매우 혼돈해진다. 왜 많은 일들이 잘못되어 가는가? 그리고 언제 어떻게 옳게 바뀌는가? 대답은 역시 성경에 있다.

성경으로, 특히 세상의 기원에 대해 설명하는 창세기로 돌아가야 한다. 성경도 번역이나 해석에 있어서 오류가 있을 수 있다. 그러나 내용에는 오류가 있을 수 없다. 나는 과학자의 눈으로 창세기의 창조 이야기를 관찰하고 분석하면서 현재적 지식으로 설명하려고 최선을 다하였다.

태초부터 종말까지를 한 편의 연극에 비유해 보자. 우리는 연극의 중간쯤을 보고 있는 것이다. 창세기는 사람들에게 첫 장면이 어떻게 시작되었고, 어떻게 진행되어 왔는지를 보여 준다. 성경은 창조 이후 장면들이 어떻게 바뀌어 왔는지를 보여 주고 있으며, 요한계시록은 종말이 어떻게 임할지를 미리 보여 준다. 따라서 성경은 연극 내용을 처음부터 이해하는 사람들에게는 마지막 장면까지 매우 만족스럽게 이끌어 주는 유일한 책이다.

태초의 천지창조　　　지구 최후의 심판
　（창세기）　　　　　（요한계시록）

| 하나님 | 지구 상에서의 인간의 역사 | 예수님의 왕국 새 하늘과 새 땅 |

세계의 시작　　　　　세계의 종말

　나는 성경이 하나님의 말씀임을 믿으며, 거기에 담긴 하나님의 음성을 듣고 그 뜻을 이해하고자 노력한다. 그러나 자기 자신을 성경 수준으로 끌어올리려는 생각을 포기하고 대신에 성경을 자기 수준으로 끌어내리려고 노력하는 사람들이 많다. 이 지점에서 성경의 신화화가 일어났고, JEDP 문서가설이나 유신진화론 같은 인본주의와 타협한 신학이 등장했고, 진화론이나 인본주의가 탄생하였다.

　적어도 이 책을 읽는 분들은 하나님의 천지창조를 하나의 작품으로 고백하며, 성경을 창조주의 말씀으로 믿고 이해할 수 있기를 소망한다.

　　⁵바다도 그의 것이라 그가 만드셨고 육지도 그의 손이 지으셨도다 ⁶
　오라 우리가 굽혀 경배하며 우리를 지으신 여호와 앞에 무릎을 꿇자

⁷ 그는 우리의 하나님이시요 우리는 그가 기르시는 백성이며 그의 손이 돌보시는 양이기 때문이라 너희가 오늘 그의 음성을 듣거든 (시 95:5-7)

만약 성경의 첫 장부터 잘못되었다면, 우리는 종말에 대해 말하고 있는 마지막 장을 무시해도 좋을 것이다. 어리석은 사람들이나 잘못된 것을 믿을 것이다. 그러나 창세기가 태초에 있었던 참된 사건을 설명해 주고 있다면, 계시록까지 성경의 모든 말씀을 확신하고 참된 것으로 받아들여도 좋을 것이다.

성경은 창세기부터 계시록에 이르기까지 세상의 시작과 끝뿐만 아니라 개개인의 시작과 끝을 들려주고 있으며, 또한 현재 무엇을 어떻게 믿어야 할지를 다음과 같이 선포한다.

하나님이 세상을 이처럼 사랑하사 독생자를 주셨으니 이는 그를 믿는 자마다 멸망하지 않고 영생을 얻게 하려 하심이라(요 3:16)